QIAN YISHI XIAOSHOU

RANG KEHU ZAI BUZHI BUJUE ZHONG CHENGJIAO

潜意识销售

让客户在不知不觉中成交

谈路平 ◯ 著

内蒙古人民出版社

图书在版编目(CIP)数据

潜意识销售:让客户在不知不觉中成交/谈路平著.-呼和浩特:内蒙古人民出版社, 2018.10

ISBN 978-7-204-15554-5

Ⅰ. ①潜… Ⅱ. ①谈… Ⅲ. ①销售-方法 Ⅳ. ①F713.3

中国版本图书馆 CIP 数据核字(2018)第 174351 号

潜意识销售:让客户在不知不觉中成交

作　　者	谈路平
责任编辑	高　彬　郝　乐
封面设计	刘那日苏
出版发行	内蒙古人民出版社
地　　址	呼和浩特市新城区中山东路 8 号波士名人国际 B 座 5 楼
网　　址	http://www.impph.cn
印　　刷	内蒙古爱信达教育印务有限责任公司
开　　本	710mm×1000mm　1/16
印　　张	13.5
字　　数	200 千
版　　次	2018 年 12 月第 1 版
印　　次	2018 年 12 月第 1 次印刷
印　　数	1—2000 册
书　　号	ISBN 978-7-204-15554-5
定　　价	35.00 元

图书营销部联系电话:(0471)3946298　3946267

如发现印装质量问题,请与我社联系。联系电话:(0471)3946120

目　录

第一章　潜意识销售是什么？销售卖的是产品的好处

没有成交率，一切是成本

任何一个企业的正常运转都要消耗巨大的成本，要是成本太高，企业就容易亏损。因此，经营企业除了开拓市场外，还要控制好成本。成本有显性和隐形之分。

什么是显性成本？产品、原材料、仓储物流、房租水电、产品研发、广告投放、店面装修及人员开支等，就是显性成本。什么是隐形成本？员工的招聘与培训、团队建设、品牌打造、市场开拓及销售成交率等，就是隐形成本。

在市场经济不景气的环境下，很多企业不得不面临倒闭，原因就是没有意识到隐形成本太大了，导致企业越做越艰难。一个企业最大的成本并不是显性成本有多少，而是没有培训好具有好的销售能力的员工。

公司好不容易来了一个客户，业务员跟客户聊了一个多小时，结果不但没有与客户成交，反倒使客户跑到隔壁去了。知道为了能有这样一个客户来，公司要投入多少成本吗？结果就因为业务员没有与客户成交，使得所有成本都成了公司的负债。

许多人都曾经有过这样的销售经历，一些看似已经板上钉钉的订单，只不过因为其中某一个环节没有处理好，最终功亏一篑。

销售本身是个很虐心的工作，同时也是最锻炼人的工作。即使业务员距离成功仅有一步之遥，但只要还没有与客户成交，客户还没有掏钱买单，订单就随时会有“流产”的危险。一旦丢了订单，一切付出就都成了成本。

在整个销售的过程中，成交率是最为关键的一点，它决定了销售成功与否。销售时所付出的一切究竟会成为效益，还是会变成成本，关键在于成交率的高低。有了成交率，一切付出就是效益；没有成交率，一切付出都是成本。

在世界杯的每一场足球比赛中，能进几个球是非常不容易的，原因就是射手的命中率低。不妨试想一下，整个球队的队员好不容易抢到了球，一路过关斩将地把球传到门前，结果射手一脚把球给踢飞了……是不是前面所有人的努力瞬间白费了？是不是球队所有的付出都成了成本？原因就是最后射手没有“成交”。成交率就是拿实际的成果说话，而不是描述过程有多么艰辛。没有成交率就没有业绩，没有业绩一切就都为零。

公司在前期通过某个系统的营销方案，好不容易把客户从人群中筛选了出来，结果业务员跟客户坐在一起谈单的时候，最为关键的“临门一脚”居然把客户踢飞了，这就导致以前所有的努力都成了竹篮打水——一场空。

为了把精准客户筛选出来，为了把客流截流过来，为了让客户跑进店里来消费，知道前期要投入多大的成本吗？大到活动或品牌的宣传推广，小到在大街小巷到处发传单，甚至不惜花重金租下人流量大的店铺，这些都是成本，其中还没有包括工作人员的薪资。

公司把客流引流过来，结果业务员跟客户交谈的时候，半个小时都没能与客户成交，最后客户跑到隔壁的店里，不到几分钟的工夫就刷卡了，不仅业务员的努力全部白费，而且是在为竞争对手忙活。

实战销售

成交 Close 动作

有一年，在一个国际营销节上，一个名牌大学毕业的业务员在打一个销售电话时，就没有做好销售中的成交 Close 动作。

刚开始打电话的时候，女生是这样介绍的："李总您好，我是首届国际营销节组委会的小刘，今天打电话给您，是要告诉您一个非常重要的消息：首届国际营销节马上就要在北京国际会议中心隆重开幕了，届时将有 30 多位营销界的大腕出席这次活动，并做主题发言。听君一席话，胜读十年书，三天两夜的国际营销活动一定会让您有很大的收获。另外，美国的科特勒将会来演讲，您可以跟这些专家零距离交流；格兰仕、蒙牛、红塔等一些大的集团公司，都将派营销副总或营销总监参与此次活动，您可以交到一批够档次的朋友；全国 50 多所大学将派很多义工过来，您还可以挑选到一批优秀的人才。同时，有几十家媒体将参与本次活动，您也可以借此机会建立一个媒体的平台。"

看到这个女孩有如此强的总结能力，旁边的老板很满意，他正要伸出大拇指表扬一下，没想到女生在最后竟然说了句掉价的话："这么好的一次活动，希望您能够参加，请李总您好好考虑！"

就在即将"成交"的时候，对方因为她的话而犹豫不决起来："那我再考虑一下。"结果，电话立马挂断了。

成交之前关键的"临门一脚"，决定了销售的成败。不管前面做得有多么好，或者语言组织得多么好，最终却没有与客户成交，竟然让客户流失了，这就是销售员最大的失误。女生意识到了刚才电话中的失误后，立即亡羊补牢地进行最后的沟通，她再一次把电话打了过去。

"李总，您好。"

"你好。"对方的情绪有了变化，至少彼此能进行有效沟通了。

"我是刚刚跟您通完电话的国际营销节组委会的小刘。李总，刚才跟您通电话的时候，您说您要对这次活动考虑考虑，是吧?"

"是啊，我说要考虑考虑。"对方回答得很坦然。

"那么李总，您说您要考虑考虑，说明您对这次活动已经感兴趣了，是吧?"

"是啊，感兴趣才会考虑嘛。"

"那么李总，您说您要考虑考虑，不是为了搪塞或推脱我吧?"

"不是，不是，当然不是为了搪塞或推脱你。"

"那是因为我漏讲了什么内容，还是哪儿没有给您解释清楚，才让您犹豫不决而要考虑考虑的吗?"

"没有啊，你已经解释得够清楚了。"

"李总，您有这么大的一家企业，是这么大企业的一个老总，该不会是因为几个小钱的问题吧?"

"不是，不是，这几个小钱对我来说不算什么。"

"那好，那我把票和资料马上给您送过去。"

"好，好，好，那你就送过来吧。"最后，这个女生完成了一次非常漂亮的Close动作。

无论对公司而言，还是对业务员个人来说，成交率决定着生死存亡。公司没有成交率，迟早要面临亏本的尴尬；个人没有成交率，每月只能领到微薄的底薪。可以这么说，在整个企业发展的过程中，成交率起着至关重要的作用，是公司发展的第一环。老板或者销售团队的成交率高了，就能吸引拥有客户资源的人过来。要知道，一旦客户被吸引过来了，业绩自然就会上升，研发产品的人跟着就过来了。

任何一个公司的管理人员都要明白，业务员成交率差是最耗费企业成本的。难道业务员没有与客户成交，仅仅是损失了那一点工资吗？不是的，他不仅浪费了千载难逢的成交机会，而且还极大地浪费了有限的客户资源。

没有说服力，一开口就把客户踢飞了

在实际销售中，业务员的最终目的在于与客户成交，而关键在于说服力。说服力的核心就是能让客户非常乐意地掏腰包，在极具说服力的语言影响下自动自发地签单。

所谓一个业务员超强的说服力，不仅是指在介绍产品时语言多么流利，而且要能准确挖掘出客户的需求，以最为简洁、精练的语言与客户成交。业务员要是没有说服力，销售产品就没有杀伤力。

或许在生活和工作当中，人们经常会面临这样的尴尬：给员工安排事情的时候，员工很不情愿；跟客户交谈了很久，人家就是不买单；和孩子沟通时讲了很多道理，可他就是不听话；想让某人帮忙办一点事情，可他就是不搭理；想要挖个人才过来，怎么挖都不过来……

究其原因，根本原因就在于没有说服力，不能让别人非常情愿地接受自己。要是一个人具有一针见血的说服力，客户自然就会主动买单了。客户之所以没有掏腰包，是因为还没有接受相关产品或服务。

实战销售

导购员卖鞋的失误

在一家鞋子专卖店里，一对情侣进店买鞋子，看中了一款靴子。女生拿着靴子看了看，对身旁的男生说道："这靴子挺好的，这么轻。"

男生马上把导购员叫了过来，准备把靴子买下来。导购员一边开票一边称赞说：“你真有眼光，穿这靴子，零下 30 摄氏度脚都不冷，这靴子都卖疯了。”

男生跟女生对视了一眼，两人没有说什么话，只是笑了笑就走出去了。此时，导购员拿着已经开好的小票，完全不知所以然。

类似于这样的销售场景，业务员有没有遇到过？有没有干过这样的事？本来马上就要签单的客户，就因为某一句话没说好，莫名其妙地就选择离开了，而业务员从始至终都摸不着头脑。

说到底，究竟是射手把球踢飞了，还是一脚把球踢进门了，就是临门一脚的事情。客户选择购不购买，经常就在一念之间。上述案例中的导购员就是出现了这样的失误，就因为一句话，最后一脚时把客户踢飞了，造成了精准客户资源的巨大浪费。

为什么有些业务员在销售的时候，几句话就把客户活生生地逼走了？是因为业务员根本不了解客户，不知道客户到底想要什么，究竟什么情况下才愿意买单。本来在交谈中还可以挖掘一下客户的需求，却因为某一个失误而将成交扼杀在了摇篮中。

为什么正准备开票购买的情侣，听完导购员的一句话却走掉了？因为这个导购员根本就不知道客户的需求，不知道女生想要买这双鞋的目的是什么。不管产品的质量有多么好，要是满足不了客户的需求点，客户根本就不会掏腰包买单的。

一个人拥有超强的说服力，并不在于多么能说会道，而在于能了解到客户的需求，紧扣客户想要获得的需求点，一开口就一针见血地直指要害。当一个业务员与客户谈单时，如果讲不出客户想要的，即便能侃侃而谈地聊上几个小时，客户最终也会因感到厌烦而离开。

不少业务员在提升自身的说服力时，往往会走入一个误区，认为提升说服力就是要多讲话，口才要好，知识面要广到博古通今。而实际结果呢，有些业务员的确能说会道，在跟客户沟通时高谈阔论，却始终难以与客户成交，订单始终都签不下来；可有些业务员只需要几句话，轻而易举地就把客户“拿下”了。

一个人追女孩，给好处、给承诺，那么久都没谈下来。另一个人和女孩只聊了半小时，客户就成功了，因为他了解女孩最大的需求是什么。这就是说服力。

一个人谈客户，请吃饭、送礼物，好几个月都没签下来。另一个人和客户只聊了半小时，客户就签单了，因为他了解客户最大的需求是什么。这就是说服力。

一个人挖人才，高工资、好待遇，多少年都没挖过来。另一个人和人才只聊了半小时，人才就跳槽了，因为他了解人才最大的需求是什么。这就是说服力。

销售的关键就是说服力，说服力的关键就是了解客户的需求。只要了解到客户的真实需求，可能只需一句话就能成交。客户最反感的就是业务员的长篇大论，因为这种行为严重浪费了别人宝贵的时间。

业务员在跟客户交谈时，客户根本不会给业务员很长时间去慢慢了解他的需求，这就需要业务员具有敏锐的洞察力。如何从与客户交谈的短短几句话当中获得自己想要的信息？这就需要业务员具有超强的说服力。

说服力是一种“掠夺财富”的能力，不需要埋头苦干就能拿到成果。一个业务员的说服力提升了，赚取财富便是很轻松的事情。

实战销售

谁能把冰箱卖到北极

因纽特人的居住地长年天寒地冻，所以当地人存储食物的方法极为简单，只要把食物随便往外一丢就能冷冻起来，根本不用担心食物会变坏，可要再次食用就老费劲了。

为了融解冻硬了的食物，他们经常点燃动物的皮毛或脂肪，在屋子外面架起大锅，再烧开水解冻。有时候遇上刮大风，屋外根本就立不起烧火的灶台。

一个名叫沃特森的生意人到因纽特人家做客，无意间发现了当地居民生活中存在的这个问题，于是萌生出把电冰箱销售到北极的想法。

沃特森向因纽特人推销冰箱的时候，根本不用滔滔不绝地讲个不停，他只是做了一个极其普通的试验，使当地人了解冰箱不仅可以用来冷藏食物，而且可以防止食物冰冻起来，省掉了做饭前那些繁杂的解冻程序。

因纽特人对冰箱所有的功能可能暂时不太感兴趣，但冰箱能帮助当地人解冻食物，这一点是非常有现实意义的需求。沃特森只围绕这一个核心需求点说话，就几乎与北极所有的因纽特人成交了。

说服力就是能准确地告诉客户，所销售的产品能给到他想要的好处。业务员只需把话说到点子上即可，根本不必滔滔不绝地推销产品。一个优秀的业务员能够了解客户的真正需求，然后围绕解决客户的困惑和痛苦来销售。

销售不是推销产品，而是帮助客户选择

不少业务员在销售的时候，经常会产生这样一种困惑：具体该怎样向客户介绍产品？谈钱的时候会不会让客户感到反感？于是，他们在跟客户谈单的时候不由自主地绕来绕去，讲一大堆其他的东西，直到最后不得不成交时，才亮出自己真正的意图。而客户对此会非常反感，认为前面谈了这么多东西，原来都是在玩套路、给人下套，结果当然是一笔单子又不翼

而飞了。

为什么那些跟客户侃侃而谈的业务员谈了几个小时还难以与客户成交？原因就是他绕了一个很大的圈子一直谈别的，生怕客户知道自己的真实目的后产生反感，以致谈了好久都谈不到重点，疲惫的客户自然就产生了厌倦的感觉。

殊不知，业务员的动机根本就不需要隐瞒，客户购买的动机其实比业务员的动机还要功利。客户为了买到自己想要的产品，筛选了市面上很多同款的产品，甚至在一开始交谈业务的时候，客户就已经知道了业务员销售产品的真实动机，只不过他还不确定这个产品能不能满足他的需求而已。

任何一个客户一旦有了购买的需求和欲望，其实他的潜意识里就有了要花钱的准备。因此，客户根本不会担心业务员赚他的钱，而是担心这个产品能不能给他带来价值，能不能给到他想要获得的好处。

只要业务员卖的不是糊弄人的产品，确实能给客户带来足够大的价值，客户的潜意识里是允许业务员赚他的钱的。而那些一开始掖着藏着的业务员，言不由衷地说主要目的是交个朋友，到最后却突然冒出来推销产品，这样最容易引起客户的强烈反感，甚至还会使客户产生被愚弄、被“下套”的感觉。

其实，业务员跟客户谈单的时候，一开始就可以开门见山地告诉客户，今天就是在了解到他的需求之后，推荐给他一款最合适的产品，而且可以给他带来几十倍甚至上百倍的好处。要知道，没有哪个客户会反感一个业务员设身处地地为自己着想，当然也不会拒绝一个业务员免费地做自己的采购员。

当一个业务员真正站在客户的角度去销售，以自己的专业和热情帮助客户选择时，客户不仅不会对这种销售方式产生反感，而且还很愿意给予他继续销售下去的机会。甚至业务员不把产品卖给他，他心里面还会感到不舒服，说不定还会求着把产品卖给他。

实战销售

站在客户的角度，帮助客户选产品

有一对带着孩子的年轻夫妇来到一家玩具店购买遥控飞机。

客户指着一个遥控飞机询问道：“服务员，这飞机多少钱？”

导购员迎上去，报出了价格：“您好，189 元。”

客户说：“帮我拿来看一下，给我试一试。”

导购员看到孩子的年龄大概只有 6 岁，就非常热情地询问客户：“您好，请问您买这飞机，是给自己孩子玩，还是准备送人呢？”

客户说：“哦，是买给我儿子玩的。家里什么玩具都有，就缺一个飞机了。”

导购员先是认真地思考了片刻，随后推心置腹地向客户建议说：“这个飞机一般适合 14 岁以上的孩子玩，因为遥控飞机不容易操控，别说让小孩子玩了，就连咱们大人玩遥控飞机也得练习好长时间。您孩子现在还小，万一不小心操控不好，摔坏飞机先暂且不说，关键还很容易伤到孩子。”

客户恍然大悟：“哦，原来是这样呀，那怎么办才好呢？”

导购员又说：“您的儿子还这么小，我建议您给孩子买遥控车。”

客户急忙说道：“家里已经有遥控车了。”

导购员思忖着问：“有特技的吗？”

客户好奇地询问着：“哦，还有特技的遥控车？那你让我看看。”

导购员选了一款 50 元的特技车给客户递过去：“您看这款车，价格相对便宜，不但有灯光、有音乐，还有自动演练的功能，能随意翻转，也容易操控，您可以让孩子试试。”

结果，孩子一看就爱不释手，玩得很开心。

于是客户主动就成交了：“好，就拿这个吧，帮我开票。”

随后，导购员又设身处地地站在客户的角度，给客户讲了一下玩遥控车的注意事项和保养事项。

销售，并不是向客户推销产品，而是放弃业务员的身份，以采购员的身份跟客户站在一起，帮助客户选择最好的产品。上述案例中的导购员在销售时使出来的撒手锏，就是设身处地地为客户着想，始终帮助客户选择最适合的产品。

只要一个业务员能真正了解客户需要什么，而不是孤立地站在自己的角度，只关注自己想要卖出什么，就能让客户感觉到业务员是在帮助他，而不是令人反感地在推销，自然而然地，客户就把业务员当成了采购员。

业务员的身份和采购员的身份，两者有着截然不同的区别，势必会产生不一样的效果。业务员是站在自己的角度卖东西，目的是快速成交，以便挣到更多的钱；采购员是站在客户的角度买东西，目的是买到好的产品，最大限度地省钱。

一个是根本不知道客户想要什么就拼命地想要挣客户的钱，另一个是清楚地知道客户想要什么还努力地为客户省钱，作为客户，更愿意相信谁呢？

为什么很多业务员在成交时经常会显得很被动呢？因为他在销售的起点就已经走入了误区。如果与客户实在成交不了，就屁颠屁颠地跟在客户后面诉苦哀求，使出浑身解数求客户支持一下。有时候客户实在不好意思了，就碍于面子买点东西算是支持，可这次成交就成了一锤子买卖。业务员采用这种诉苦哀求的销售方式，不仅把自己的产品搭了进去，还把自己的面子也搭了进去。而当业务员转换了自己的身份，成了帮助客户的采购员时，销售就变得容易多了。

系统的销售流程，能让任何产品畅销

业务员身上存在着的最大的致命点，就是没有真正提升自身的销售能力，而是在挑选哪些产品可以轻松卖掉。如果一个产品有强大的品牌做支撑，或许无须任何销售方法就能卖出去，那么根本就不能体现或锻炼销售能力。

产品好，不一定就好卖；营销好，不一定就成品牌。一个销售高手卖产品，凭的并不是品牌优势，而是过硬的销售方法。要是一个人掌握了系统的销售方法，无论让他销售哪一款产品，最终都可以达到畅销的结果。

实战销售

销售流程就是“套路”

有一个人下了班走在回家的路上，他看到路边有人在卖烤红薯，就停下脚步上前询问。

他问道：“红薯怎么卖的？多少钱一个？”

小贩说：“1 个 3 元，3 个 10 元。”

此人听后略作沉思，眼珠子一转，掏出 3 块钱买了一个红薯，然后重复了两次这样的行为。

回到家以后，他逢人就炫耀：“小贩还想蒙我？我只花 9 块钱就买了 3 个红薯。”

小贩也暗自得意：“自从我这么干以后，每次都能一下子卖掉 3 个红薯。”

上述案例告诉我们，销售都是有策略的。如果没有具体的销售策略，销售业绩根本难以提升。销售流程犹如一条修好的水渠，客户就像流水一样，只要顺着走，不知不觉中就会轻松地被成交。

客户购买的需求是确定的，可购买的地方是不确定的。只要客户在某一个瞬间对业务员产生了感觉，业务员就容易与客户成交。上述案例中的小贩就用了这样的销售策略，通过一个预先设定好的销售流程，很快就把客户内心想占便宜的感觉拉出来了。

难道客户购买的时候真的占到便宜了？其实，客户到底有没有占到便宜并不重要，重要的是在潜意识中感觉自己占了便宜。其实，人的潜意识中的判断力是非常差的，意识层面的判断力才准确，只要潜意识影响到了意识，人就不容易做出更深的判断了。

基于人的潜意识制定出的销售流程，一定是符合人们正常的思维方式，能够让客户在不知不觉中向成交步步靠近。如果销售流程中的每一个细节都做好了，那么销售产品就可以跟流水线生产一样，只要客户从最初的源头进入，就会按照预设的流程走到最后的成交环节。

几年前，我突然发病，最后竟然动手术住院了。我没想到的是，只不过一个小手术，可第一天就花了一万多的费用。专门从事销售的人不一定懂得销售，但医院一定懂得不少销售的原理与流程，如今仔细回想一下医院所设计的系统的销售流程，看看当初我是如何被医生牵着交出大单来的。

实战销售

医生的销售流程

一、客户定位，挖掘需求

医院展开了强大的宣传攻势，甚至将广告打到了穿梭于整个城市的公交车上，潜在客户瞬间就从人群中显现出来，并且每一个客户都会主动上门找医生咨询，而医院不需要从茫茫人海中寻找准客户。

换言之，这些客户已经暴露了明显的需求点，即所谓的“伤口”，他们属于极容易成交的优质客户。

客户来到医院，向医生（业务员）诉说道：“我身上有一个伤口，想请你治一下……”

此时，绝大多数业务员会犯一个错误，就是会迫不及待地告诉对方：“我这里正好有药，而且还便宜呢。”

如此一来，销售的结果如何呢？客户就开始跟业务员磨磨唧唧地讨价还价了，业务员卖药是不是就变得越来越被动了？

此时，不妨回想一下以前的销售经历，自己是不是就这么干的？苦口婆心地跟客户讲了一大堆，最后的成交率却低得吓人。为什么找到需求点后还是难以与客户成交？记住，以后千万别再这么干了，因为这样做少了一个环节……

二、撕开伤口，扩大需求

再回到我的病上来看。医生没有理会我所担心的医药费问题，而是首先给我做了个常规检查，随即又跟我这个医学盲人谈起了具体的病。专业术语一套一套地讲出来，虽然我没听懂一句，但让我感觉到病情似乎非常严重。

谈到最后的结果是什么呢？那就是我的病情已极其严重，需要动手术治疗，否则容易恶化，后果将不堪设想。

作为在一线市场从事销售工作的我，早就知道医生在“撕伤口”，但我的潜意识已经明显被催眠了。临了，医生说了一句：“今天只是客观地分析一下病情，你现在是不是感到身体极疼痛？”

这不是废话吗？不痛找医生干吗？最后，唯恐病情恶化，我只好选择手术。

三、介绍产品，相互对比

另外，医生在介绍手术的时候采用了对比的销售策略。先是把传统手术的弊端讲了一大堆，手术期间会很疼痛，手术的效果大打折扣等，反正我被吓得半死不活的。而说起微创手术的优点之多，就跟吹牛一样，好像不会有任何隐患。纵然有价值决定价格的市场规律，但客户愿意接受多高的价格，永远跟客户的体验有关。要是病人的伤口不怎么疼，想着拿点便宜的消炎药就行了；要是再疼一点，就想着输几瓶药水才可以；要是更疼一些，就想着得动手术医治才行；要是疼得哭爹喊娘的，那么花多少钱医治都愿意……

四、解除抗拒，成交出单

我虽然在潜意识中愿意为病情买单，但想到如此高昂的医疗费用，内心终究还是有点儿犹豫不决。此时，医生开始应对我抗拒的想法，对我进行了最后的逼单："现在病情还没有恶化，大概需要这么多费用，一旦病情恶化得更严重，那费用可就不只这么多了，你自己考虑好再做具体的选择吧。"

发现了吗？在整个过程中，医生并没有站在自己的角度来"销售"，而是站在病人的角度来"销售"，尤其是抓住了病人的需求点，紧扣住病人因患病而痛苦的体验。

运用这样的销售方法，最后的效果如何？那就是虽然病人被成交了，反过来还对医生充满感谢……

现在，不妨回想一下自己在销售的时候，是不是经常站在自己的角度，始终强调自己手上有什么，而没有换位思考，没有站在客户的角度去了解客户究竟想要什么，并让客户获得想要的体验。

有不少业务员痴迷于销售话术，对销售流程没有足够的重视。其实销售话术只针对如何跟客户去交谈，而销售流程是如何一步一步地实现与客户成交。销售流程提升一小步，远胜于销售话术前进一大步。

销售系统具有一定的稳定性，只要客户不流失就有可能成交，甚至还能实现"傻瓜式"的销售，这跟业务员能力大小的关联并不大。而系统的销售流程一旦形成，不管什么产品导入进来，都能按既定的方法卖出去；

只要形成了系统的销售流程，不管哪一个客户进来，都能凭销售的策略成交。

读懂了客户的心理，做销售就像谈恋爱

很多人刚接触销售工作时，会对销售产生一种莫名的恐惧感，认为得跑到热闹的大街上，求爷爷告奶奶地乞求别人买产品。这样销售的结果会是什么样呢？只能是既没有成功地把产品卖出去，又饱受各种人的异样眼色。

其实，大多数人经常遇到的这种方式并不是销售，不过是一种在大街上卖苦力的推销而已。当一个人真正理解了什么是销售、了解了市场和客户、掌握了销售方法后就会发现，销售并没有那么复杂，反而跟谈恋爱追女生一样有趣。

懂得如何追女生的人，从事销售工作其实也不赖。说起谈恋爱追女生，想必不少人都能使出浑身解数，而追女生的方法更是层出不穷。或许每一个人追女生的具体方式不尽相同，但极具创意的营销思维却体现得淋漓尽致。

殊不知，谈恋爱本身就是一次销售，即男生在追求女生的过程中，把自己成功“销售”给对方。要是以追女生的心态和思维方式去做销售，会让销售变得更加具有挑战性和趣味性，而不是一谈到销售就止步不前。

追女生时所销售的产品就是男生自己，追女生的方式就是销售中的策略，只要把追女生的方法运用到销售中，理所当然地会收到好的成果。

在茫茫人海中还没找到想追求的女生，说明男生筛选不出精准客户，需要制定出好的目标方案和筛选策略。

女生跟男生相处很久都没说“喜欢你”，说明男生洞察不出客户的需求，需要检讨自己的洞察能力和商业眼光。

男生追了很久始终没有把女生追到手，说明男生无法与优质客户成

交，需要反思并提升自己成交的能力。

男生追到手之后两人又分手了，说明客户下单后又退货了，需要检视自己产品的品质和售后服务。

网络上曾经盛传一篇非常有趣的短文，正好从不同的视角窥测出追女生与销售的微妙关系，下面不妨一同阅读一下，细细品味其中惟妙惟肖的韵味。

实战销售

销售就是一场恋爱

你在晚会上看到一个漂亮的女生，你走到她面前说："我很有钱，嫁给我吧。"结果，你遭到女生白眼。这叫作"直销"。

你在晚会上看到一个漂亮的女生，你打听到她的电话号码。第二天你打电话给她，说："喂，你好，我昨晚在舞会上看到了你。我很有钱，嫁给我吧。"结果，你遭到女生挂机。这叫作"电话销售"。

你在晚会上看到一个漂亮的女生，你走到她面前说："我很有钱，嫁给我吧。"她二话没说，给了你一记响亮的耳光。这叫作"客户首次反馈"。

你在晚会上看到一个漂亮的女生，你走到她面前说："我很有钱，嫁给我吧。"她的一个朋友突然走过来，左右开弓给了你两个耳光，并且说："不要脸，还在骗人。"这叫作"没有掌握好销售时机"。

你在晚会上看到一个漂亮的女生，她的一个朋友在你的授意下对她说："他很有钱，嫁给他吧，至少你应该考虑一下。"这叫作"推荐式营销"。

你在晚会上看到一个漂亮的女生，你站起身，整理了一下领带，走到她的面前，殷勤地给她递上饮料。晚会后，你帮她拎包，为她打开车门，主动送她回家。事后，你多次联系她，展示自己的品位与财富。然后有一次，你突然对女生说："顺便说一下，我很有钱，你愿意嫁给我吗?"结果你成功了。这叫作"客户关系营销"。

你在晚会上看到一个漂亮的女生，你走到她面前说："我很有钱，嫁给我吧。"结果，她友善地把她的男朋友介绍给你，弄得你灰头土脸。这叫作"市场调查缺失"。

你在晚会上看到一个漂亮的女生，你走到她面前说："我很有钱，嫁给我吧。"她正在犹豫，另一个高大的家伙突然冲到你的前头说："我更有钱，嫁给我吧。"她居然就跟着那家伙走了。这叫作"市场竞争"。

你在晚会上看到一个漂亮的女生，你走到她面前说："我很有钱，嫁给我吧。"而另一个家伙在她做决定前开始与她跳舞，并且边跳边说："我更有钱，嫁给我吧。"漂亮的女生因为想拥有更多的挑选机会而拒绝了他。这叫作"客户的成熟度是开拓市场的前提"。

你在晚会上看到一个漂亮的女生，你买通晚会组织者，用大喇叭广播说："我们欢迎本市最有钱、拥有亿万资产的×××先生的到来，有想嫁给他的女生请排队与他跳舞。"结果，队伍排起来了。这叫作"宣传的效力"。

晚会前，组织者在海报上写道："本市最年轻、最有钱、拥有亿万资产的×××先生将到场，并与晚会上的三位女生跳舞。因名额有限，最终人选将在购票后抽签决定。"结果，晚会票价翻番。这叫作"供需失衡导致涨价"。

你在晚会上看到一个漂亮的女生，你走到她面前说："我很有钱，嫁给我吧。"结果，你遭到了女生白眼。你又走到另一个漂亮女生面前说："我很有钱，嫁给我吧。"被第二个女生的朋友揭露出你一贫如洗。后来，你遭人举报，被逐出会场。这叫作"市场监管"。

你在晚会上看到一个漂亮的女生，你走到她面前，还没来得及开口说话，你的女友出现了。这叫作"开拓新市场的约束"。

看，市场多样，方法与障碍颇多，效果各异。

做销售，不仅要了解市场的需求关系，而且要把握好客户的心理特征，因为从某种角度来说，销售就是双方心理上的博弈。怎么样才容易追到一个女生？重要的一点就是要了解这个女生的心思，知道女生的心理需求和活动。否则，盲目追求容易导致失败，最终结果只能是事倍功半。联系到具体工作上就是，有销售经验的业务员能够很清楚地知道哪些客户容易成交，哪些客户很难成交，新客户比老客户难成交。

不少人面对漂亮女生时经常会表现得有些不自信，不敢放开手脚追，轻易就放弃了。其实，只要敢于冲上去大胆追求，再稍微用心观察，或许距离成功就不远了。不少业务员一面对大客户就心里发怵，认为自己根本没有能力与大客户成交，而事实的真相是什么？其实并不是业务员没有销售能力，而是不敢挑战自己，不敢去面对大客户。

要知道，其实客户的心理更像女人，心里面希望业务员来，又想在最后的关头“拿捏”一下。当业务员真正了解了客户的心思，就会知道如何更好地应对客户了。

购买背后的动力，不是追求快乐，就是逃离痛苦

业务员在跟客户谈单的过程中常常会出现的最虐心的一个问题就是，客户表面上点头称赞产品很好，但就是不愿意掏钱买单。

业务员经常会抱怨：“想要客户掏几个钱，怎么就这么费劲呢？”难道业务员没有找到客户的真实需求吗？其实并非如此。客户之所以愿意跟业务员继续交谈，说明产品本身还是有价值的，否则客户转身就会离开，不会多浪费一分钟。

在即将成交的时候客户却不愿意掏钱，业务员潜意识中出现的第一个应对策略，或许就是如何解决客户抗拒签单的问题。一些业务员解除客户抗拒点的方法是噼里啪啦地集中火力围攻客户，结果不仅没有达到理想的效果，客户还被搞得非常不愉快。

为什么难以解除客户成交前的抗拒？难道是因为解除抗拒的方法策略没用？其实不然。根本原因就是业务员还没有完全了解客户，不知道客户购买背后的动机是什么，究竟什么才是推动客户掏钱的因素。

其实，客户在意识层面是想节省钱，但在潜意识层面却是想花钱的。客户努力赚钱，绝对不是为了把钱存下来，而是想有更高的消费能力，最终目的还是为了把钱花出去。而业务员要做的就是找到客户花钱的入口，给客户一个足够的花钱理由。

一个人在什么时候愿意花钱，而且掏钱的速度最快？就是在看到了自身的需求，切身体会到了问题的存在却又没有得到有效的解决，同时又相信外人能够帮到他时，他掏钱的速度是最快的。客户越感到纠结，并且越相信业务员，掏钱就越爽快。一个业务员要是明白了这一点，知道推动客户购买的本质因素是什么，销售时让客户掏钱就不费劲了。

实战销售

物业公司如何收取暖费

有一个物业公司，每年都会因为难以收取本小区的取暖费而伤透脑筋。小区里面的业主们经常拖欠，能拖两天绝不会只拖一天，有时候甚至过了几个月，取暖费还收不齐。

后来，有人给物业公司想了一个办法，告诉他们一个收取暖费的策略。不久，在物业公司的门口处贴出了一张通知单：凡是前 1000 名交取暖费的业主，可免费得到一份月饼。

这条通知单一贴出去，业主们纷纷排队交钱，很快解决了收费难的问题。那些没有得到月饼的业主们看到别人提着月饼回家了，非常惋惜，都说明年一定要早交取暖费。

物业公司每年收取暖费，简直就跟去讨债一样困难，业主们都不太愿意主动掏钱。可到后来，情况就截然相反了，业主们纷纷主动交清费用。一个看似解决不了的老大难问题，只要能有的放矢地找到方法，就会迎刃而解了。

为什么业主们会有如此大的反差？蕴藏其中的销售原理究竟是什么？

物业公司让业主们交取暖费，业主们是真金白银地往外掏钱，毫无疑问会产生心疼的感觉。好不容易靠微薄的工资攒了点儿钱，每年还要再掏出来交给别人，换了谁心里头都会感到有点儿难受。

因此，这就是横在物业公司收费难这个问题前的梗，是业主们不愿意掏钱的原因所在。因为在业主们的潜意识当中，会不由自主地想尽一切办法逃离这种难受的感觉，所以就出现了能拖就拖的应对策略。

物业公司实施的策略非常有智慧，前 1000 名交取暖费的业主能免费获得一份月饼，看似简单的一个方法，却巧妙地把“交钱痛苦”转换成了“交钱快乐”，让业主即刻看到了想要追求的快乐。如此一来，以前经常拖欠的业主们主动交费，根本不用物业公司再跟追债一样去收费，而月饼的全部成本不过几千块而已。

业主们拖欠费用的原因，就是想要逃离“痛苦”，这是人性；业主们主动交钱的原因，就是想要追求“快乐”，这也是人性。销售是什么？销售就是双方人性的博弈，看谁能把握得更精准；谁要是能深谙亘古不变的人性，谁就可以占据主动的制高点。

或许在我们的生活当中，经常会碰到一些欠钱不还的事。我们把钱借给别人很容易，可到最后想把钱收回来却很困难。只要稍微有一点没把握好，那么不仅自己的钱借出去回不来，可能连朋友也失去了，最后落得个人财两空的境地。

为什么有些人明明欠了钱，却迟迟不肯还钱呢？难道真的是没钱还不起吗？当然不是。是因为他们要把自己的钱掏出去给别人，他们会感到不愉快、不愿意，而且他们知道不还钱的好处远远大于还钱的好处，所以他们不考虑别人的想法，有钱也不主动还。

如何才能让对方主动、自觉地还钱？就要让对方看到还钱的快乐远大于不还钱的快乐，或者是让对方看到不还钱的痛苦远大于还钱的痛苦，要利用人性本能的驱动力推动对方产生主动、自觉的行为。

要对方还钱跟要客户买产品，其中蕴藏的原理其实是如出一辙的。只要业务员把握住了人性，成交就变得容易多了。

实战销售

让客户看到购买的好处

一个家庭主妇逛珠宝店，看上了一颗漂亮的珠宝，但觉得价格太贵了。

卖珠宝的导购员看到后走过来，对犹豫不决的家庭主妇说道："太太，虽然你觉得珠宝的价格有点贵，但这可是货真价实的珠宝哟。更重要的，你用了这个珠宝一定能更自信、更漂亮，你家先生也会因此更喜欢你。"

家庭主妇更加心动了，她不停地翻看着珠宝，但还是没有掏钱……

导购员见势乘胜追击，更进一步地对她说："太太你尽管放心，你今天买了它，即便以后想脱手，也能卖出高价来。不管对你的家庭经济，还是对你的婚姻情感，都是非常有帮助的。"

家庭主妇仔细一想，觉得确实不错，便说道："好吧，给我包装好吧。"

导购员向客户销售珠宝的时候，就是很好地把握了人性的推动力。当客户处在犹豫不决的境地中时，说明客户正处在"痛苦"与"快乐"的煎熬中，更需要业务员帮助客户看到购买之后将产生的快乐。

在本案例中，当发现客户在“痛苦”中徘徊时，导购员让对方看到了“快乐”的存在：买下珠宝并不完全是为了自己，同时也是为了亲密关系中的先生，甚至可以作为珍品收藏，这对家庭和婚姻都有莫大的好处。客户看到了快乐，自然就愿意掏钱了。

只要有人存在的地方，就会出现各种不均衡，就一定会存在痛苦。人一旦有了痛苦，就会有被服务的需求点，就会为逃避痛苦而买单，就意味着有商机存在。其实每个人、每个客户都会为追求快乐和逃离痛苦买单，而是否主动掏钱买单，取决于业务员洞察客户需求的能力，并在第一时间满足其需求。

客户买的不是产品本身，而是产品带来的好处

客户购买的究竟是产品本身，还是产品能给他带来的好处？不少业务员对此难以理解透彻，导致每天抱着产品四处推销，结果业绩并不理想，然后就抱怨产品不好卖，却从不反思自己的销售能力。

如果业务员销售的只是产品本身，那么产品根本就卖不出高价，而且客户不一定会买单。因为业务员只是在卖产品，而客户权衡产品价格的落脚点，是对比产品成本的多少，所以根本卖不出更高的价格。同时，由于业务员只是在卖产品本身，而市面上同质化的产品泛滥成灾，客户根本就不会在同一个业务员这儿掏钱购买。

事实上，客户购买的并不是产品本身，而是产品能给他带来的好处，这个产品要能满足客户想要获得的需求。任何一个产品的市场价值都不在于生产的原材料成本是多少，而在于能给客户带来多大的价值和好处。

其实，产品只是功能、好处的载体，而人是金钱的有效载体，产品与功能在一起并不能兑现价值，金钱与人在一起也不能体现价值。然而，两者通过价值交换就会产生使用价值，满足人的各种需求。

一个业务员若根本不了解客户的需求，只为了卖产品而卖产品，结果

只能是越卖越被动。只有了解了客户的真实需求，才能从产品中提炼出更多的卖点。所谓卖点，就是客户想要获得的好处，它一针见血地切中了客户的需求。

没有切中客户真正的需求，产品只会给客户留下不痛不痒的印象；不能勾起客户强烈的购买欲，在最后成交前就会很被动——产品不能给到客户想要的好处，客户凭什么掏钱买货呢？

在掏腰包花钱这件事上，客户其实比业务员更加功利、更加自私。只要产品稍有问题，或者客户不相信这个产品，那么订单随时都可能泡汤。

客户从来都没有兴趣去关心业务员是谁，也没有多少精力关注业务员所在公司的情况怎样，他们只关心自己想要获得的好处能不能满足，业务员的产品或服务能给自己带来哪些利益。要是能满足客户的需求，客户就愿意跟业务员继续谈；要是业务员不能满足客户的需求，客户就会另寻他想要的东西。

既然业务员想把产品销售出去，就要以客户的思维思考，判断客户到底想要什么好处，然后再以自己的专业满足他的需求。一个业务员的说服力来自哪里？就来自他对客户需求的把握，来自他清楚地知道客户究竟想要什么。

一款产品最大的说服力是什么？不是它有多么高大上的包装介绍，而是它本身所承载的功能好处。假如一个产品提炼不出几大好处和卖点来，那么在激烈的竞争市场中就很难拥有一席之地。因此，业务员在跟客户交谈时，就要告诉客户产品对他有哪些好处，而这些好处又恰巧是他正想要的。

实战销售

三一重工如何成功收购国外企业

几年前，三一重工在收购德国最大的混凝土机构时遇到了阻力，其中最大的阻力是德国政府的干涉。换言之，三一重工要想收购德国那家企业，真正需要与之交谈的客户是德国政府。

于是，董事长梁稳根以客户思维去思考德国为什么拒绝被收购。而真实的情况是，德国根本不在意被收购这一事情本身怎么样，他们在乎的是企业被收购后对它有什么好处或弊端。

梁稳根经过一番仔细调查，了解了德国政府所担心的各种弊端：一是担心企业总部外迁导致人员失业及税收流失，二是担心被收购企业的管理层可能即将被下课，三是担心被收购的企业员工会面临失业。

针对德国政府所担心的这些问题，梁稳根睿智地卖出了三服“好药”，非常顺利地与客户实现了成交，成功地收购了德国最大的混凝土机构。这三服“好药”就是：

1. 企业总部永远放在德国。

2. 收购后3年内不调整管理层。

3. 收购后马上招聘500名德籍员工。

收购一事本身并不能代表什么，但收购背后所隐藏的诸多问题，才是德国政府慎重考虑的因素。对于德国政府来说，只要解决了那几个担心的问题，那么被收购的事情就不是问题了。而梁稳根意识到了这些问题，知道了客户想要的好处是什么，并马上开出了客观收购的价码，轻而易举地就把大客户给搞定了。

当你正在阅读本书的时候，其实花钱买这本书并不是你的目的，你想要得到的好处是学习到销售的知识，或者是提升自己的销售能力，而本书只不过是你想要获得的这些好处的载体而已。要是你能从其他地方或者凭借其他方式获得同等质量的好处，那么你根本就不会买本书。既然你已经花钱购买了本书并认真阅读，一是说明你相信本书能带给你想要的好处，二是说明其他同质化的产品和图书给你带来的好处少于本书给你带来的好处。

因此，销售并不是在卖产品本身，而是在卖产品的好处和可信性。只有让客户相信产品能给他带来好处，才会让客户在潜意识的驱动下产生购买行为。

销售人员常常会说出“只要用了我的产品，一切都不是问题”这类的豪言壮语，目的就是让客户相信产品能给他带来好处；情侣间说着“我负责挣钱养家，你负责貌美如花”的甜言蜜语，目的就是让对方相信未来将会有美好和幸福。

当交易的行为产生后，这种信念被验证为真实的，那么稳定的回头客就产生了；如果这种信念得不到验证，那市场就会迅速枯萎一大片。当一对情侣结婚后生活在一起，如果真像原来所承诺的那样，那彼此间的感情就趋于稳定了；如果幸福的好处得不到验证，那彼此间的感情便会乌云密布。

成交跟产品无关，跟销售原理有关

有一个问题让不少公司困惑不已。原以为只要产品好，就一定可以畅销，而公司的产品和服务质量都非常好，投放到市场上之后销量却低得不可思议，许多客户都不买账，也没有预想中那么多客户买单；然而一些质量相对较差的产品，不仅在市面上卖出了高价，而且还抢占了庞大的消费市场。

为什么会出现市场经济的悖论，好的产品并没有受到市场的欢迎，而相对较差的产品客户却接受了？这是因为，这些公司只重视产品功能的研发与生产，并没有重视产品市场的营销与销售，导致产品再好也打不进竞争激烈的市场。

公司把所有的人力、物力、财力及精力，全都投放到产品的研发与生产当中，不断地采购设备、优化工艺、加大产量、狠抓质量，势必已经占用了公司大量的流动资金，由于没有更多的经费投入市场营销，包括品牌打造、广告宣传、市场开发、业务团队等等，导致生产出来的一大堆产品变成了库存。为了规避现金流断裂的风险，缓解过大的库存压力，跟竞争对手抢占一份市场，公司最终只能被逼无奈地血拼价格，陷入越来越被动的价格战中。

即便产品好，不一定就能畅销，因为没有好的营销策略来打开市场；即便营销好，也不一定就能成品牌，因为没有好的产品来满足市场。

市场上，一个陌生的客户会不会为某个产品买单，更多地取决于公司的销售，与公司投入多少成本、引进多少先进设备、使用多少优秀人才，几乎没有太大的关联。

实战销售

改变选择的框架

由于其他分厂出现了人手不够的情况，某厂长只能从原工厂调人过去。厂长琢磨再三，决定从众多候选人中把小刘从离家较近的工厂调到近郊的分厂去工作。

凭借对小刘各方面的了解，厂长知道小刘肯定是不愿意调过去的，若强行下达一道调令，可能会起到适得其反的效果。厂长认真思考了一番，想出一个不错的办法。

于是，厂长在上班时把小刘叫到办公室，语重心长地对他说："现在公司要重新调整一下你的岗位，一个选择是到其他城市的分厂，另一个选择是到近郊的分厂，而近郊分厂现在只剩一个名额了。”

小刘听了，认真地思考着，但他并没有说话，心里还是有些疑虑。

厂长站起来，走到小刘跟前，拍拍他的肩膀，说：“近郊分厂的名额只剩一个了，具体怎么选择是你自己的事，你想好了再告诉我吧。”

话音一落，厂长便转身准备离开，小刘连忙回答道：“厂长，我选择到近郊的分厂上班。”

厂长心中顿时窃喜，可他仍然面无表情地说道：“好，那你赶紧到人事那里办手续吧。”

员工面临人事调动，是厂长碰到的一个非常棘手的问题，因为厂长要把小刘调去的分厂并不是小刘想去的地方。

小刘分明不想去近郊分厂，可为什么他不但没有跟厂长讨价还价，还非常痛快地答应了呢？面对小刘原本就有的抗拒，厂长是如何把他“拿下”的？是因为厂长在交谈中主动改变了小刘的选择框架，把小刘限制在固定的时间、空间及角度中，让小刘在特定的框架中没有其他更好的选择，自然轻而易举地就把问题解决了。

在过去的选择框架中，相比于调到近郊的分厂工作，在原工厂上班是小刘最好的选择，自然他不会同意人事调动了。在现在的选择框架中，相比于调到其他城市的分厂工作，在近郊分厂上班成了他最好的选择，所以他很痛快地答应调任了。

上面的案例揭示出一个要点，那就是客户在成交前，产生购买的行为与产品的好坏似乎并没有太多的必然关系，更重要的是销售的策略。当巧妙改变了销售的方法策略后，客户在成交时就不在乎产品的本身了，而是在当下的框架中做出最好的选择。

不少女生去商场逛街的时候，原本只是想逛逛街而已，并没有什么想买的东西，可常常回来时却提着一大堆东西，因为她们一看到搞促销，就觉得以后可能没有了，于是就产生了购买的行为。就这样，她们在不知不觉中被销售了。

可见，销售时成交的关键并不在于产品多么好，而在于业务员能否掌握销售的核心原理，能否灵活多变地把握客户的思维框架。

销售的核心原理是什么？客户为什么最后买单了？一个陌生客户在还没有购买产品前，是否知道产品的效果究竟如何？是否知道产品的真伪？是否知道产品能不能带给他想要的好处？客户其实并不知道，只有成交后、使用了才可以验证产品到底怎么样。

既然根本不知道产品的效果，为什么客户最后会选择购买？原因就是客户在潜意识中已经相信了业务员所描述的产品的功能，认为产品能满足他想要的好处，所以就会产生购买的行为。

决定客户想不想购买的核心，在于客户是否有价值需求；决定客户要不要购买的核心，在于客户是否选择相信。无论产品多么好，如果客户始终都不相信，自然没有人会购买；有些产品质量一般，客户却认为产品不错，就会有很多人选择购买。

在开拓新市场的时候，销售的作用更重要；在巩固老市场的时候，产品的质量更重要。否则，客户购买产品并使用之后，发现产品质量居然不行，那么不仅客户不会重复消费，还会影响到新市场。

销售的原理其实跟骗人没有什么太大区别，核心都在于紧扣住客户的需求，成功地解决客户的信任问题。只不过骗人是把事情的性质都改变了，黑白颠倒地把不好的说成好的，不断地勾起人心底的欲望；而销售并没有改变事情的性质，只是改变产品背后的某个框架，让客户相信产品能带给他想要的好处。

好的销售方法绝不是骗人。

销售不按套路出牌，最好的销售是不销而销

越来越多的业务员在提升销售能力时，热衷于可直接照搬的销售话术，希望一步到位地从书中拿过来使用，而不是绞尽脑汁地去思考更多复杂的东西。

然而这种近乎投机取巧的学习方式，不仅不能在实际销售中收到成果，而且会使人形成一种思维的惰性。为什么说销售的工作岗位最锻炼人？因为销售工作有很多不确定、不稳定的因素，业务员会接触到社会上不同阶层的人，而好的销售员是从实践中浴血拼杀出来的。还有一种情况是，用这种方法与这个客户成交了，但对另一类客户可能就无济于事。面对不同的人物、时间、空间及角度，灵活多变地使用不同的销售方法，才能在实践中实现与不同的客户成交。

什么样的人武功最厉害？是那些有不同招式的人。这样的人，别人难以摸清他的路数，当别人使出不同的招数，他马上就能变换其他招数来应对。如果他只会一招，跟别人过招时千篇一律，那么一旦被人识破而改变了招数，那他根本就不知道如何应对，毫无疑问，他轻而易举地就会败下阵来。

其实做销售也是如此，要学会转换思维方式，懂得不按套路出牌。既然正面进攻无法实现与客户成交，那就从侧面迂回，殊途同归，只要最终与客户成交，目的就达到了。

实战销售

只有打破常规，才能不同寻常

有两个男生同时喜欢上了一个女生，但两人截然不同的表白方式使得最终的结果大相径庭。

一个男生不落俗套地冲上去，鼓起勇气大胆向女生表白，结果他还没有把话说完，女生就被吓跑了。

另外一个男生则不然。他先跟着女生去图书馆看书，发现女生准备离开的时候，男生就去搭讪："同学，能借我10块钱吃碗面吗？我把钱包落在宿舍了。"

女生愕然地看着男生。

男生又掏出自己的学生证，以各种方式取得女生的信任："你看，这是我的学生证，你把手机号给我吧，我好还你钱。"

女生想了想，说："行吧。"

女生打开钱包正准备掏钱，男孩出乎意料地又说了一句："要是能借我20块钱，我请你也吃一碗。"

这样，这个男生不按套路出牌，不但搭讪成功了，还巧妙地拿到了女生的联系方式。

结果，一来二往，两个人就好上了。

想必很多人都有过追女生的经历，第一个男生的方式过于常规，跟不少初出茅庐的业务员一样，结果浪费了不少宝贵的客户资源，即便偶尔有几次搭讪成功了，也完全是靠量撑起来的。而第二个男生就善于打破常规思维，懂得用不同的策略跟女生搭讪，虽然不是正儿八经地追女生，实际上却是一步步地展开攻势了。

做销售，就要善于突破常规思维，没有谁规定一定要按套路出牌。即便在现实情况中没有任何机会，也要想尽办法去创造机会；即便彼此间没有任何关系，也要倾尽所能地制造一点关系。

最好的销售是什么？就是不销而销。就跟故事中的男生一样，看似不是在追女生，其实从头到尾都在追女生。

什么是不销而销？就是转换一个身份，不以业务员的身份，而以其他身份与客户相处，如此一来，不仅跟客户的关系会走得更近，还能以另一个身份了解客户。

实战销售

用野路子，不销而销

史密斯是一个推销婴儿用品的业务员，他希望能在一家大型商场举办一次产品促销活动。然而，纵然他拜访商场经理的次数已经多达四次，仍然遭到商场经理的无情拒绝。眼看举办活动的时间已步步逼近，可商场经理仍旧对他避而不见，根本就没有洽谈合作的意思。既然以常规的方式难以从正面进攻，那就只能不按套路出牌地从侧面迂回了。经过各方面的详细了解，史密斯意外地发现商场经理竟然是一个铁杆篮球迷，且NBA众多球队中最喜欢公牛队。

于是，史密斯打通了跟经理的联系渠道，通过经理的秘书给经理传了一张纸条：在下周的常规比赛中，湖人队肯定战胜公牛队。

果然，根本不到5分钟的时间，史密斯终于迎来了一次宝贵的见面机会：商场经理让秘书把他请了进去。

没想到刚一进门，经理就冲他嚷嚷起来："怎么可能是这样呢？肯定是……"史密斯耐心地听完后，清楚表达了自己的见解，认为下周公牛队不会大胜湖人队。

作为球迷的经理听得非常着迷，此时他们根本没有谈到促销的事情。大约侃侃而谈地交流了两个多小时后，史密斯非常敏锐地意识到要恰到好处、见好就收。

于是史密斯起身告辞，并顺便似地说：“既然您如此相信公牛队将大胜湖人队，我这里恰好有两张今天的球票，不如我们一块去观看球赛，到时谁胜谁负不就一目了然了吗？您觉得怎么样？”

经理非常高兴地收下了门票，并坚持说自己的判断不会错。就在经理收下门票的同时，他也顺便似地说：“听说你准备在我的商场里搞一次婴儿用品的促销活动，这样吧，我们一起好好准备，然后我们一起去看球赛，我要亲眼看到我的公牛队把你的湖人队打得大败。”

最后，公牛队的确把湖人队打得大败。但这对史密斯来说一点都不重要，他更开心的是促销活动举办得非常成功，他和经理也因此结缘，成了非常要好的朋友。

高手的武功运用于无形之中，即便一片叶子或一粒沙尘，都有可能是克敌制胜的利器。其实，不少客户并不喜欢商业味道太浓的业务员，谈单的时候一个劲儿地说个不停，很招人反感，他们更喜欢跟有着共同兴趣爱好的人交谈。尤其面对那些慢热型的客户，开门见山的常规做法效果可能不大，那就应该转换思维方式，另辟蹊径。这就需要业务员投入更多心思去了解客户，力争在共同的兴趣爱好上寻找到突破口，只要做成了朋友或兄弟，接下来的生意就好办了。

第二章　潜意识的能力：如何从市场中筛选准客户

只有客户量大，才好筛选准客户

绝大多数业务员在做销售时，并非死在最后的成交环节上，而是惨死于客户资源的枯竭。没有庞大的客户资源做支撑，任何一片市场都难以做出来；而市场空间能做多大限度，其实是由客户量决定的。

有人羡慕他人可观的业绩，却不知道他人曾开发了多少客户；有人只看到“贼吃肉”的风光，却没有看到“贼挨打”的惨景。任何一个业务员，即使只跑出一笔单，也绝对不是随随便便就能完成的。

开发出一个陌生的客户到底需要付出多少精力？有人或许拜访了上百位客户，并对这些客户进行长期跟踪，才终于成交出一笔大单，其中付出的艰辛，鲜为人知。

在提升开发市场能力的时候，业务员努力提高成交率无可厚非，但也要重视客户量。要是客户量不大，开发不了更多新客户，即便成交率再高，创造出的业绩也是有限的。

提高销售能力本身就是在提高成交率，而成交率需要庞大的客户资源做支撑。任何一个业务员做销售时，都需要有开发新客户的能力，这样才能健康持续地做好市场。否则，一旦手上现有的资源枯竭了，整个业务团队的生命线就断了。只有客户量大了，才能让业务员有所选择；当客户资源越来越充足，就可以从中逐渐筛选出准客户。

实战销售

全面撒网，重点捕鱼

有一对从初中开始就认识的情侣，过了若干年以后，终于走进幸福的婚姻殿堂。

一天，妻子突然间心血来潮，询问自己的老公说：“老公，初中的时候你暗恋了我多久？还给我写情书？”

老公微微一笑，淡淡地回答说：“当时我想找一个女朋友，就给全班每一个女生都写了一封情书，没想到就你给我回信了。”

妻子听了，满脸愕然。

故事中的老公就是一个销售高手。在寻找女朋友这件事上，他不仅在最后成功地与女朋友成交了，在前期开发市场时就出手不凡，一下子就从全班女生中筛选出了准客户。要是不给班上每个女生都写一封情书，即便男生追求女生的能力再怎么强，也不会一出手就把女生追到手。正是因为男生能着眼于全班的女生资源，才从中筛选出了能成为女朋友的女生。

此处插一句题外话，上述只是案例，我们在此讨论的只是男生的策略，不谈其人品。做销售，量大是成功的前提，要想量大，就要开发新客户。做销售，最大的阻力不是成交能力差，而是要为开发新客户付出更多努力。当一个业务员努力开发新客户的时候，有谁知道他电话拨打了多少次，拜访了客户多少次，被客户拒绝了多少次……

业务员在开发陌生客户市场时，如果遇到客户的拒绝或打击，又见不到任何成果，就易产生自我怀疑或者选择放弃，这对业务员而言是一个巨大的考验。否则，销售工作就跟其他工作一样了，而不会成为最锻炼人的岗位。

被人拒绝或打击是销售工作中的常态，更是业务员培养强大自我的必由之路。想要炼出真金来，必须经过千锤百炼，业务员要是没有抗压能力，根本不可能打出一片市场。业务员开发新客户的能力，决定了销售生命线的长度。

实战销售

乔·吉拉德的名片

美国汽车销售大王乔·吉拉德，相信许多人都不会感到陌生。关于他发名片的故事，在美国已是家喻户晓。

有一次，乔·吉拉德到一家餐馆吃饭，随便点了几个菜。

当服务员给他上第一道菜的时候，乔·吉拉德从兜里掏出一张名片递给服务员，恭恭敬敬地说道："你好，我叫乔·吉拉德，我是卖雪弗兰汽车的。"

服务员出于礼貌收下了名片，但他根本没有看一眼，就把名片塞进了兜里。

过了一会儿，乔·吉拉德点的第二道菜炒好了，依然是这个服务员走过来上菜。

此时，乔·吉拉德又站起来，从兜里掏出一张名片递过去："你好，我叫乔·吉拉德，我是卖雪弗兰汽车的。"

看到乔·吉拉德重复送名片，服务员有些纳闷，就善意地提醒他说："先生，您刚才已经给过我一张名片了。"

乔·吉拉德微笑着说道："哦，刚才那张名片是给你的，这张是给你妈妈带回去的。"

服务员听了，又收下了名片。

又过了一会儿，这个服务员又端着菜走过来，给乔·吉拉德上了第三道菜。

没想到乔·吉拉德还是站起来，又从兜里掏出一张名片递给他："你好，我叫乔·吉拉德，我是卖雪弗兰汽车的。"

这回服务员竟然主动接过了名片，并且幽默地对乔·吉拉德说："这张是给我爸爸带回去的吧。"

设想一下，乔·吉拉德的销售结果会如何？

由于乔·吉拉德前期在开发新客户方面做了大量工作，所以后来找他买汽车的客户全是主动排队的。之所以他根本不用上门去找客户，而是客户主动上门来找他，原因就是他用名片铺了一条路，只要客户有购买汽车的需求，自然而然地就会顺着这条路找到他。

没有谁天生就懂得如何做销售，没有谁一开始就有客户资源。只要有人存在，就会有客户资源，中国有 14 亿人口，那就有 14 亿的消费市场，关键是如何去开发这个庞大的市场。试想一下，如果开发出了庞大的消费市场，即便只有 0.1%的成交率，将会创造多大的价值？

下面看看一个汽车销售冠军是如何具体做市场的。他一个月打了 780 个电话，只有 526 个人会接，430 个人会听他讲，357 个人会感兴趣，254 个人会来看车，116 个人会考虑，87 个人会有意向，56 个人会咨询，24 个人想购买，最终卖了 11 辆汽车，成交 11 单，拿到了 20000 元的提成。在 780 个电话中，他成交了 11 个订单，成交率只是 0.01%。即便只有 0.01%的成交率，他就拿到了 20000 元提成，要是销售能力稍微提升上来，成交率翻上两倍，那能拿到多少提成？

客户资源如何开发出来？销售业绩怎样做出来？只要找到了提升业绩的窗口，销售其实没有那么复杂。

抢占了终端客户群体，盈利是水到渠成的事

随着中国互联网经济迅猛崛起，微信成为使用最频繁的社交工具，并催生出一系列多元化的经济体，如微商、打赏、广告宣传、付费订阅等。

为什么以微信为载体的多元化经济瞬间成为一股新的经济力量？因为截止到目前，微信用户已经突破了 7 亿，相比其他众多网络软件，微信早已成功地抢占了客户群体。

要知道，只要有人的地方，就一定会有需求；只要有需求的地方，就意味着有商机。在市场竞争激烈的时代，谁能拥有庞大的消费群体，谁就拥有了巨大的价值财富。面对如此庞大的客户群体，只要导入一个付费产品，瞬间就能产生巨大的财富。

为什么聚光灯下的明星身价不菲？为什么粉丝量几十万的公众号值钱？因为不论是耀眼的明星艺人，还是有影响力的微信公众号，背后都拥有庞大的消费群体，不知有多少人时刻关注着明星的动态，也不知有多少粉丝每天都关注公众号的文章……

只要关注的粉丝量上来了，建立起了庞大的客户群体，盈利是水到渠成的事。一旦进行商业化运作，效果就跟核裂变一样，立马就能兑现出财富。

在用户为王的经济时代，为了能够抢占到客户群体，无数人都希望一夜成名，因为成名后就能兑现金钱，为此不惜哗众取宠或涉黄。微信公众号每天拼命更新，目的就是为了“吸粉”和“养粉”，只要关注的粉丝量上来，哪怕随便给商家打个广告，或者在文章中植入软文广告，就能获得一笔不菲的收入。

为什么抢占消费群体的现象变得如此激烈？因为庞大的消费群体就是巨大的社会财富。要是一个人能拥有 100 万粉丝关注，只要在跟粉丝互动的过程中，每个粉丝创造 1 元的财富，那他就能轻松地拥有 100 万。

没有客户量做生命线，销售无疑会变得举步维艰，因为成交率是一个很高的要求。因此，做销售就要有客户量做保证，才能抢占庞大的终端消费群体。只有拥有了一定量的消费群体之后，才能从消费群体中筛选出准客户，从而在最短的时间内实现成交。

实战销售

没有客户量做支撑，任何销售都难做

韩国三星集团的创始人李秉喆，从小就是一个精通销售的天才。李秉喆小时候家境并不宽裕，为了生计，即使只是几岁的年纪，他也不得不去卖报纸挣钱。

“你一天要跟我订多少份报纸去卖？”报亭老板问这个衣衫褴褛的男孩。

“别的孩子能卖多少？”他羞涩地询问。

老板笑道：“这可没法说，少的只能卖出几十份，多的却能卖出几百份。但是，你要是报纸拿得太多了，最后卖不出而剩在了手里，那可是要赔钱的。”

李秉喆想了想，对报亭老板说：“那就要100份吧。”

老板听了有点吃惊：才这么大的孩子，能把100份报纸卖完？毕竟其他同龄的孩子每次都不能把报纸卖完，而且拿的量也从来没这么多。

老板思忖再三，还是给他拿了100份报纸。

没想到，第二天一大早，李秉喆竟然空着手来到报亭。

老板看到他，很关切地问：“昨天剩下的报纸呢？”

“昨天的报纸全卖完了，我今天想要200份。”李秉喆回答道。

老板感到很吃惊，但还是给了他。结果，第三天一大早，李秉喆又空着手来了，张口就要了300份。

老板惊讶不已，决定跟着他去观摩一下，看看他到底是怎么卖报的。

他看到李秉喆到了车站后，并没有跟别的孩子一样，拿着一叠报纸四处叫卖，反而是一反常态地不停往候车乘客的手中塞报纸。等一个区域的乘客全部都发完了，他这才回来收钱。然后，他又跑到另一个地方，如法炮制地卖报纸。

老板疑惑地询问："你这样给每个人都发一张报纸，就不担心有人不给钱跑了吗?"

"我也担心，但特别少。"李秉喆自信地回答着，"因为他们看了我的报纸，就不好意思坑一个孩子的报纸钱了。跟那些把报纸砸在手里的报童相比，算总账还是我卖得最多。"

老板顿时恍然大悟，对李秉喆也刮目相看了。

小时候就出去卖报纸的李秉喆，跟其他同龄报童相比较，他在销售时就率先抢占了客户群体。起初客户只是在他面前而已，并没有跟他产生连接，因而根本就不属于他，但他给每一个乘客手中塞报纸的举动，就是在最大限度地抢占客户群体了。在抢占庞大消费群体的同时，他已经进行商业运作了——向所有的客户销售报纸。在有了足够多的客户量做支撑后，他又凭借小孩子的身份优势最大限度地取得了客户的相信，结果就把所有的报纸销售一空，实现了成交率。

至于其他报童的销售方式，在身份和成交方面并没有太大的区别，但他们最明显的问题就是没有抢占消费群体，而是直接从众多陌生的客户中筛选。他们拿着报纸到处询问，挖掘出有购买意向的客户，再循规蹈矩地把报纸卖出去。

小到一个业务员，大到一家企业，做销售，如出一辙。只有抢占了终端客户群体，才能创造更多的价值财富。客户量就是业务员业绩的生命线，更是企业得以生存发展的生命线。

不少企业为寻找客户而发愁，不知如何开发更多新的客户。一些公司在开拓市场时，通常采用极常规的营销方式，从招聘网上招一大堆业务员，随后让业务员每天出去跑，以大量陌生拜访的方式跑市场。

殊不知这种开拓市场的成本可不小。且不说业务员能不能开发出新客户，或者能不能完成业绩，起码每个月都要给他们支付底薪。要是几个月都创造不出业绩，那前面投入的成本就得不到回报，这对企业的生存而言是种巨大的考验，甚至还会在业务团队中滋生出负能量：老板，咱们公司的产品不好卖，不如同行谁谁家的产品好……

因此，公司的老板带领团队去开发陌生的新市场时，不能一个一个地找，而要想办法一下子找到一堆客户，或者借助别人的客户资源，以资源整合和利益共享的方式，瞬间抢占庞大的终端客户群体……

兔子不吃窝边草，生意可以先从熟人做起

在销售过程中细心观察或总结，会发现一个非常有意思的现象，那就是之前从来没有接触过的客户和业务员，由于彼此间产生了生意关系而交往，时间一长竟成朋友了。

更有意思的是早就认识了的朋友，在销售时却从来不敢去接触，就害怕跟朋友发生了买卖关系后，朋友会认为赚了他的钱，最后弄得几乎连朋友都做不了……

有不少业务员羞于跟朋友谈生意，觉得不好意思赚朋友的钱，但作为业务员又想做出点业绩，就一个劲儿地跟朋友绕圈子，结果又因为被朋友看穿而尴尬不已。

做生意或者销售的本质是什么？就是买卖双方的价值交换，彼此间没有谁欠了谁。客户之所以愿意主动掏钱交换，是因为产品能够满足自己的需求，可以得到自己想要的价值和好处。

任何实质性的销售，都基于人的需求。除了掺杂了人情世故的销售，

没有哪个客户会因为友谊而购买一个根本就不需要的东西。

只要有真实的价值需求，且能满足对方的需求，不管是亲朋好友还是陌生的客户，业务员都可以向对方销售，可以大大方方地挣他们的钱，这是一件理直气壮的事，根本不需要有任何遮掩，也不必感到一丝心虚。

要知道，既然朋友已经有了明显需求，那么肯定会选择一款产品购买，业务员不赚他的钱，他的钱就会被别人赚。表面上是业务员做生意赚了朋友的钱，实际上是在帮助朋友购买，业务员并没有用假冒伪劣产品坑朋友，朋友甚至可能会因此而受益，这样他反过来还会感激业务员。

做销售讲的就是人脉圈子，就是要有庞大的终端客户群体。人脉圈不就是身边认识的熟人吗？做销售，要想创造出更多更大的业绩，就一定要放弃已经拥有的熟人圈子，但一个业务员在刚起步做销售时，不得不从身边的熟人做起。

从事过销售的人都知道，销售本身充满了巨大的挑战，因此谁也不要“站着说话不腰疼”。想开发陌生客户，却又眼高手低，刚接触销售的人能有这么大的能耐吗？因此，在开发新客户的能力还没有得到提升时，可以考虑在不伤害关系的前提下，从身边的熟人“入手”，开发客户，实现成交率。

实战销售

交朋友与做生意，两者从来不冲突

小刘从事的是保险销售工作，他总是担心身边的熟人对他有误解，认为他交朋友的目的就是推销保险，为了避嫌，他从来没有跟熟人提过保险的事。即便有人问他是做什么销售工作的，小刘都是微微一笑地应付过去，从没有告诉别人。

有一次，他的一个朋友买了辆新车，非常明显地说想买车险，但他仍然不好意思推销。他始终觉得如果赚了朋友的钱，弄不好以后连朋友都不好做了，他怕别人一看到他过来就以为是要推销保险。

后来，小刘得知朋友买的车险贵了点，感觉朋友在价格上被别人宰了，他终于憋不住了：“早知道在我这里买还好一些，我只需要XXX元就可以帮你办好了。”

很多业务员太在乎面子，总觉得不好意思，因此要么不想麻烦别人，要么不好意思开口，结果错过了不少机会，熟人成了别人的客户。做销售，就要放下感性层面的面子，以理性层面的思维方式提升销售能力。

上述案例中的小刘本来可以给朋友提供更好的保险服务，但因为碍于面子而错失了宝贵的机会，不仅自己身边的熟人市场没有开发出来，朋友还被别人在价格上宰了一次。原本他可以帮助到朋友的，他却没有主动站出来，朋友反过来还会对他有意见。

老板在要账的时候，因为没有一定要怎么样的企图心，不好意思向别人开口要钱，结果可能自己关门大吉了；男生在追求心仪女生的时候，因为没有一定要怎么样的企图心，不好意思向女生开口表白，结果可能女生选择跟别人走了；业务员出去跑客户的时候，因为没有一定要怎么样的企图心，不好意思向别人开口收钱，结果可能客户跟别人签单了。

要是不好意思去认识优秀的人，每天就跟一些碌碌无为的人在一起，结果只能让自己变得越来越平庸；要是不好意思向朋友承认错误，结果两人都为了面子僵持着，结果很好的朋友慢慢变成了陌生人。

当业务员跟朋友谈生意的时候，要是问朋友觉得值不值，先要站在朋友的角度扪心自问到底值不值。要是业务员说话底气有些不足，甚至回答时还吞吞吐吐，就是没考虑朋友的需求，就不是在说良心话，是在出卖自己的灵魂。

朋友有了价值需求后，从谁手里买都是买，只要业务员的产品是真的，不是糊弄人的东西，朋友肯定非常愿意支持。不妨试想一下，要是朋友都不支持自己，难道去支持陌生人吗？

怎样才能在销售时勾到客户的魂？根本原则就是找到客户强烈的需求，此需求恰好还没有得到满足，而业务员手上恰好又有客户想要获得的好处。对熟人的销售亦是如此，一定要建立在需求之上，而不要搞关系，进行绑架销售。

要是业务员总觉得不好意思赚熟人的钱，那是因为他根本没有智慧，不能找到一个既能让朋友受益，又能让自己赚钱的优质产品。朋友既然产生了消费的需求，从来就不会介意你赚他的钱，他更在意的是你能否给他带来价值。

做生意没有什么局限性，就是要从亲戚朋友开始。如果连身边的亲人朋友都不支持，试想一下还有谁会支持呢？如果连身边最好的亲人朋友都敢欺骗，那这样的人也根本不值得交往。

客户不一定是用户，用户不一定是客户

在常规的销售思维中，认为掏钱的人才是用户，因而在筛选准客户的时候，就把不掏钱的用户自然淘汰掉了。由于一下子划分出如此多的人，导致客户量大幅度缩减，势必会影响销售业绩。

其实在进行客户市场定位的时候，最先要明确的就是客户群体类型，要明确究竟哪一类人才是消费群体。只有有的放矢地进行宣传和销售，才能取得不同凡响的市场效应。

要是市场定位不够清晰，没有针对准客户进行销售，绝大多数客户都不能成交，相当于前期做了大量无用功。

如何才能更精准地进行市场定位，从众多消费群体中筛选出客户呢？那就是一定要了解客户群体，哪些属于产品的用户，哪些属于产品的客户。有时候用户和客户是集于一身的，即使用者和购买者是同一个人；有时候用户和客户又是不同的，即使用者和购买者完全是两个人。

假如用户和客户属于同一个人，那销售时就可聚焦一个人；假如用户和客户是两个不同的人，那销售方法就要做出调整。换言之，既要了解并满足用户的基本需求，还要洞悉客户的真实需求。

实战销售

起死回生的海洋馆

在北方的某个城市，一家筹备已久的海洋馆开张了，门票价格定为每张 50 元。由于门票价格较高，不少想去参观的人望而却步。结果，海洋馆开张的头一年，门可罗雀。

由于海洋馆的营业额惨不忍睹，导致投资商亏了不少钱。最后，投资商为了能及时止损，竟然以跳楼价脱手，将海洋馆转给另外一个人经营。

刚接手的老板一上任，马上在电视和报纸上打广告，想尽一切办法寻求突围之路，希望征集到能让海洋馆起死回生的金点子。

一天，一个年轻女教师来到生意冷淡的海洋馆，信心十足地对新老板说："只要你按照我的方法去做，一定可以让海洋馆的生意好起来。"

新老板按照女教师的方法调整了营销方案，结果不到一个月，每天来海洋馆参观的人络绎不绝，海洋馆的生意顿时火得不得了。以前一直处于亏本状态的海洋馆终于转亏为盈，开始盈利了。

在突然暴增的客户群体中，1/3 是儿童，2/3 则是带着孩子的父母。

海洋馆调整了营销方案后，打出的新广告只有简单的 12 个字：儿童到海洋馆参观一律免费。

上面故事中的年轻女教师，眼光独到地看准了市场，了解海洋馆的客户和用户，因而以一针见血的12字广告就让惨淡经营的海洋馆起死回生了。要是不了解客户市场，根本不会出现爆满的生意。

海洋馆的主要客户是儿童，因为小孩子好奇心比较重，喜欢亲近自然界的小动物，但唯一的遗憾是儿童没有购买力。而家长虽然具备一定的购买力，但毕竟大多数不具备欣赏小动物的童心，因而只要价格稍微高一点，就会选择放弃去参观。

女教师的营销策略好在哪里？就是让用户和客户非常巧妙地结合在一起，让家长带着自己的小孩子去海洋馆参观。儿童一律免费进去参观，但陪同的家长就得买票，毕竟谁也不放心让孩子一个人去玩，这样，用户和客户一拍即合，一个主要是消费，另一个主要是买单。

用户和客户的需求点其实完全不一样。用户只负责体验产品，至于掏不掏钱，他们不会太在乎；而客户只负责掏钱，至于产品究竟怎样，似乎他们也不太在乎。

实战销售

《大学生去哪儿》的营销策略

2015年6月，我出版了《大学生去哪儿》一书。由于当时没有完全正式地在全国各大高校推广发行，《大学生去哪儿》在市场上的发行量并不是很乐观，各单位负责发行的工作人员非常着急，一时间都想不出好的发行办法。

后来在讨论这本书推广发行方法的会议上，我针对大学生这个特殊的群体重新定义了一下书的用户和客户。2016年9月，正值全国各大高校开学之际，尤其大一新生入学报到，这为我们提供了一个新的市场机遇。

书的定位就是孩子进入大学最有价值的开学礼，由家长送给刚迈入大学校门的孩子一份礼物。书的用户是刚入学的大一新生，书的客户是陪新生入学的家长。更何况，要是给孩子送其他礼物，家长可能还会有些犹豫；要是送给孩子一本书，家长会觉得更有价值和意义。结果，我们只是在湖南几所高校做试点，刚一开始，书就被众多家长一抢而空了。此举不仅让书的内容在大学生群体中引起了共鸣，而且还被执教营销专业的老师当成了教学案例。

当时，投放的喷绘宣传语非常简单，只是几行醒目的大字：

给孩子留一套房子，房子再好也可能会贬值；

给孩子留一笔财富，金钱再多也终究会花光；

给孩子送一本好书，大学最有价值的开学礼！

要是按照常规的营销思维，客户和用户是同一人，那么想要阅读《大学生去哪儿》，就得大学生自己掏钱买单。可是一本定价 39.8 元的图书，相对于大学生消费群体而言，似乎他们还没有如此强的购买力。

根据用户和客户不同的需求点，我们在营销和销售上做出了调整。家长买书的需求是希望孩子在大学期间学有所成，而大学生买书的需求是想汲取知识或开阔视野。更何况，相比于让大学生自己买书来阅读，家长给大学生买书不知道要容易多少倍。即便自己少吃少喝点，家长也非常愿意为孩子的教育投资；而大学生轻易不会少吃一餐，再用省出来的钱去买一本书。

当一个业务员做市场的时候，如果能够转换一种思维，销售就会变得容易很多。即便是没有购买力的消费群体或者是没有需求的消费群体，同样也可以成为客户。

筛选准客户的标准就是消费的需求与能力

当业务员在市场上做销售时，不妨思考或想象一下：到底是有的放矢式的销售容易，还是全面撒网式的销售容易呢……

有的放矢式的销售就是狙击目标客户，基本上可以达到一打一个准的效果；全面撒网式的销售就是横扫所有客户，一“枪”扫过去可以成交不少客户。

虽然在最终的成果上难分胜负，但在成本的投入上却可以窥一斑而知全豹：有的放矢式的销售成本投入相对较低，而全面撒网式的销售成本投入可不小。

设想一下，如果想让一头牛往前走，挥着鞭子在后面驱赶和拿把青草在前面诱惑，哪种方式的效果会更好呢？其实做市场亦如此，只要找对销售的方法，就能起到事半功倍的效果。

不少业务员在跟客户交谈的时候，以各种方式讲了大半天，客户或多或少也有些心动了。可没想到正准备出单成交的时候，客户突然说出一句：“你的产品我已经非常清楚了，也非常想买一套，可惜我现在没钱。”

面对这样有消费需求的客户，最后却因没钱而成交不了，是不是让人感到欲哭无泪？其实，这样的客户只是有消费需求，却没有购买力，这就会让业务员之前付出的努力几乎全打了水漂。

一般而言，在跟客户谈单时，客户以没钱为理由拒绝成交，主要分为两种情况：一种是经济条件不宽裕，确实没有多大的购买力；另一种是完全有消费能力，只是以此为托词。

如果有消费能力的客户以此做托词，说明业务员还没有完全了解客户的需求，或是在成交前没有取得客户的信任，这就需要业务员检视一下自己的销售步骤与方法。只要客户还没有正式离开你，那就还有向客户销售的机会。

要是客户真的经济条件有限，暂时没有消费能力，那么业务员的销售能力再强，可能也难以与对方成交。因为他在最初筛选客户的环节上就犯了个很大的错误，就没有找出有购买能力的客户。

其实从某个角度来看，销售有时候就像在钓鱼。面对一个偌大的池塘，往池塘里撒一些鱼饵，就会吸引来各种不同的鱼。此时，想用鱼竿一条条地把看中的鱼钓上来，似乎不太可能；可要是用渔网去捞，可能又会捞到不想要的鱼。面对这样一种情况，到底怎么办才好呢？怎样才可以捞到自己想要的鱼？最核心的一点就是捞鱼的渔网。因为渔网可以筛选出不同大小的鱼，在捞鱼时，那些网格间隙比较大的渔网可以将小鱼筛选出去，剩下的就是想要的大鱼了。

要知道，渔网就是筛选鱼的工具，网格就是筛选鱼的标准，小网捞不到大鱼，大网捞不到小鱼。而偌大的池塘就是庞大的消费市场，市场里面蕴藏着无数潜在的客户，关键是如何把潜在客户捞出来，这就是需要业务员动脑筋解决的核心问题。业务员拿着产品向客户销售，其实就是将一把鱼饵撒向了鱼塘，如何选出具有消费需求和消费能力的客户，需要业务员具有专业的销售能力。

在做销售时，同样要学会筛选客户，避免大量的无用功。要针对不同价格的产品寻找不同类型的客户，高端一点的客户可能看不上价格低廉的产品，购买力低的客户可能买不起价格昂贵的产品。只有筛选出精准的客户，才可以有针对性地进行销售。所谓精准的客户，一是要有消费需求，二是要有购买能力。要是客户没有需求点，根本就是业务员没有找准切入点；要是客户没有购买力，业务员的一切努力可能全都白费。

当一个人对牛弹琴的时候，其实并不是牛的问题，真正的问题是对着牛、弹琴。从庞大的消费群体中筛选出准客户后，只要稍微有的放矢地把产品投放进去，立竿见影，马上就能见到效果。

实战销售

选择精准客户

有一家销售痔疮药的公司以常规方式到处铺货，这样做了一年多，尽管在经销商那里铺了不少货，但市场始终难以打开，每月的销售量极为惨淡。

公司决定重新分析一下，他们首先考虑的就是客户问题。经过一番详细的市场调查，他们发现准客户是开出租车的司机，因为出租车司机需要长时间坐着，生痔疮的概率相对较大。

怎样才能从众多人群中把出租车司机筛选出来？这让公司高层困惑不已。后来，随着各种打车软件的开发与应用，公司终于可以一步到位地筛选客户，并且一针见血地投入宣传广告了。

因此，在出租车司机经常使用的打车软件上，不出几分钟的工夫便会以语言或者文字方式冒出一条痔疮药的广告。据说每推送一次痔疮药的广告，平均有 5 个人会回复，这就是精准营销的市场效果。

卖药公司在开发市场时，一开始采用的是全面撒网的方式，往各地经销商处大量铺货，这不仅要投入大量产品，市场效果也不是很理想，因为没有把产品卖给需要的人。后来，公司通过打车软件筛选出了有需求的客户，产品广告的投放也做得非常精准，整个营销过程没有任何盲目性。

客户管理越细致，成交率就会越高。每一个企业或者业务员在开拓市场的时候，必须找出那些有消费需求和消费能力的客户，甚至要主动放弃一些需要投入大成本的客户或者不能为自己带来多大业绩的客户。毕竟每一个业务员的时间和精力都是有限的，不可能在所有客户身上都盲目地投入，只有有意识地放弃一些价值不大的客户，才能把精力聚焦到价值最大的客户身上，才能最有效地创造出最大的业绩。

只有选对了池塘，才有可能钓到大鱼。

客户身上存在问题，就是业务员销售的机会

不少业务员在跑市场的时候，或多或少都会遇到一些不讲理的客户，要么故意出一些难题刁难业务员，要么蛮不讲理地胡搅蛮缠。类似的客户真有些不好相处，许多业务员一时半会儿不知道怎么办才好。

要是选择放弃，前期已投入了那么多精力，让人觉得有些遗憾；要是继续谈单，客户身上如此多的问题又让人感到抓狂不已。面对存在各种问题的客户，业务员究竟该如何是好？

其实，这并不是客户有意要刁难业务员，而是他确实存在各种问题，他是以一种极端的方式来告诉业务员他的需求点。要是客户没有问题，根本就不会有任何需求；既然没有需求点，那也就没有销售可言。就是因为客户有各种问题，才有销售的必要；就是因为客户有时不讲理，才有赚钱的机会。

实战销售

若有问题，就有需求

一个从名校毕业的女大学生，到一家公司面试董事长助理的岗位。由于当时董事长有急事需要马上处理一下，女大学生在董事长办公室转了一圈就出来了。结果等轮到她面试的时候，女大学生竟提着包准备走了……

当时我正好在这里，协助这家企业做人力资源管理。看到来面试

的女大学生转身要离去，我上前一步，好奇地向她询问："不是马上就轮到你面试了吗？你怎么要走了呢？"

"刚才董事长处理紧急事务时，我就在旁边稍加观察了一下，办公室的座椅摆设没有一点艺术感，办公桌上的文件资料放得乱七八糟，董事长身上的领带还打偏了……没想到董事长身上有这么多缺点，我正考虑要不要选择做他的助理。"女大学生说了一段令人惊讶的话。

"别人身上出现的不足，正是你存在的价值。正是由于董事长有不少事情要打理，才有必要选择一个助理来协助。要是董事长没有这些缺点，那又何必招一个董事长助理呢？别人要是没有能耐，能开一家大公司吗？若要看人之大，则必容人之短！"我当时正在写《大学生去哪儿》，就主动给女大学生点拨了一下。

女大学生听后沉思片刻，顿时有了醍醐灌顶之感，马上转身回去面试。最后，女大学生凭借超强的思考能力和应对能力，成功地从众多应聘者中脱颖而出。

如今，女大学生已深得董事长的赏识，成了董事长尤为器重的左膀右臂。

作为一个公司职员，本身就是为老板分担事情的，要是老板什么事都可以自己做，那干吗花钱聘请你来工作呢？客户要是不存在问题，也没有需要解决的需求，那就没有销售的机会。

要是公司没有问题，那业务员的价值是什么？公司存在的问题不是业务员推卸的借口，而是他晋升的机会。

要是老板没有问题，那还能有业务员的用武之地？老板存在的问题不是业务员失望的借口，而是他成长的机会。

要是对手没有问题，那业务员怎么变强大？对手存在的问题不是业务员松懈的借口，而是他变强的机会。

要是客户没有问题，那业务员还有销售机会吗？客户存在的问题不是业务员失败的借口，而是他销售的机会。

为什么客户经常无缘无故地刁难业务员？因为客户本身存在着急需满足的需求，但他又不想直截了当地把需求暴露在业务员眼前，所以就以看似无理的方式引起业务员的关注。洞悉客户背后需求的能力，就是一个业务员挖掘市场的能力。业务员要关注的并非客户做了什么，而是要看客户想要什么。任何一个强势的客户背后，其实都有一个极其薄弱的点，只要找到它用力一捅，客户马上就愿意买单了，因为切中了他最强烈的需求。

实战销售

客户的需求潜藏在客户的投诉中

一天，一家汽车销售公司的客服部接到了一个非常奇怪的投诉。客户说他开着新车出去的时候，经常去购买一个香草味的冰淇淋，可出来的时候怎么都打不着火。可为什么别人买冰淇淋出来就可以轻易打着火呢？

面对这个客户非常无厘头的投诉，客服经理并没有将其当成儿戏。他亲自开着客户的车去那家冰淇淋店买了一次，结果真的发现了产生问题的原因。

原来，问题的根本在于这家冰淇淋店的内部设置。由于店里香草味的冰淇淋最畅销，所以老板就给香草味冰淇淋设了自主专柜，而且就放在店门口，而其他口味的冰淇淋则需要去柜台排队结算。因此，买香草味冰淇淋的人用时相对比较少，汽车引擎的“蒸汽锁”没有足够的时间散热，从而使车重新打火比较困难。

没有不存在需求点的客户，也没有无缘无故的投诉。即便销售的产品没有问题，可要是没有跟客户介绍清楚，抑或后续服务没有及时跟上，肯定就挑战了客户的心理需求。

没有哪个客户会无聊到没事就投诉。更何况，只要是投诉的客户，说明他把产品放在了心上，就有可能成为业务员的回头客。那些根本不在乎业务员的客户，不愿意跟业务员聊的客户，根本就不会去投诉。

客户的投诉只是一个假象，真相就是客户身上存在的需求和他想获得的好处。

因此，面对客户各种看似无厘头的投诉时，完全没必要分析客户的投诉是否有道理，而是要化解客户因投诉而产生的负面情绪，同时要一针见血地找到客户的需求，帮助客户厘清他的潜意识中想要获得的好处。

客户要求做什么事的时候，其实就是业务员最好的销售时机。要知道，销售的本质就是价值交换，彼此间是需要利益输送的，既然客户想要业务员去做什么事，就说明他想获得某些好处，这时，销售就找到突破口了。

销售并非卖给所有人，而是卖给有需求的人

在筛选客户时，不少业务员为了追求客户量，希望能把产品销售给所有人，结果并没有多少人购买。原本想面面俱到，可是无法做到面面俱到。业务员做销售时经常出现的失误就是市场定位不清晰、消费群体不精准、销售没有说服力，最终业绩又惨淡……

既然是从庞大的消费群体中筛选，那么优质客户的量毫无疑问会减少，甚至100人中可能只能筛选出8人。如果是针对筛选出的8人进行销售，那就要一打一个准地进行“狙击”，从而避免增加销售成本。

相对于普通产品，为什么量身定制的产品价格高？是因为量身定制的产品能满足客户特殊的心理需求。要是不能满足客户的需求，产品根本就

卖不出高价；客户要是没有需求，那就找不到突破口，销售的成本就会剧增。

做销售，从来就不要指望能把产品卖给所有人，只卖给有需求的人就可以了。把有限的成本精力在最短的时间段内投放到最精准的客户身上，才能在市场上创造最大的价值。当一个业务员能与所有有需求的客户成交，其实已经在销售市场上创造了奇迹，因为他 100%地抢占了消费市场。

实战销售

把最好的产品给最需要的人

美国纽约，一家复印机制造公司计划招一名优秀的推销员。老板经过层层严格的筛选，从几十个应聘者当中选出三人进行面试考核，其中包括来自费城的年轻女孩安妮。

最后的面试采用了实战的方式，就是限定他们在一天的时间内八仙过海、各显神通，尽情地展现自己的销售能力……

面对面试官给出的问题，几位应聘者都在思考：到底什么样的事情才能体现出自己最好的销售能力呢？他们走出公司的大门后，便开始讨论起来。

其中一个应聘者说："把产品卖给不需要的人，这最能体现我们的能力了。我决定去找一个农夫，向他推销手中的复印机。"

"嗯，这个主意太好了，这种方式确实很挑战人，可以看出一个人的销售能力。"另外一位应聘者兴奋地说道，"那我就去找一个渔民，把我的复印机卖给他。"

临出发前，他们叫安妮一起去，可安妮有些犹豫，她思考再三，说道："我觉得那些事情太难了，还是选择容易点的事情做吧。"说罢，安妮就往另一个方向走了。

第二天早上，老板在办公室再次召见了三名应聘者，饶有兴趣地问道：“在昨天的实战销售中，你们分别都做了什么最能体现销售能力的事?”

“我花了一天时间，把公司的复印机卖给了一个农夫。”第一个应聘者得意扬扬地说，“要知道，农夫根本就不需要复印机，可在我的销售技巧下，他终于掏钱买了一台。”

老板听后点了点头，没有说什么。

“我用了两个小时的时间，跑到了郊外的哈得孙河边，又花了一个小时的工夫，终于找到一位渔民。紧接着，我又足足花了四个小时，想尽一切办法，费尽口舌地讲解，终于在太阳即将落山时成功说服他买下了一台复印机。”另一个应聘者同样非常骄傲地说道，“事实上，他也根本用不着复印机，但他最终还是买下了。”

老板同样点了点头，又扭头询问安妮：“他们都成功地销售了一台复印机，那你呢？小姑娘，你把产品卖给了什么人？到底是一个系着围裙的家庭主妇，还是一个正在公园里遛狗的夫人?”

“不。我既没有卖给农夫，也没有卖给渔夫，而是把产品卖给了三位电器经营商。”安妮一边说，一边从包里掏出几份文件递给老板，“我在半天的时间里拜访了三家经营商，并且成功签回了三张订单，总共是600台复印机。”

老板接过安妮的几份文件，喜出望外地看着手中的订单，当场宣布录用安妮。

此时，另外两个应聘者提出了抗议，他们认为把复印机卖给电器经销商并没有什么值得夸耀的，因为这些商家本来就需要这些产品。

“我想你们对于能力的概念可能存在一些误解。有能力并不是指用一天时间去完成一件最不可思议的事，而是要用最短的时间去完成最容易的事。”老板站起来说道，“你们认为花一天时间把一台复印机卖给农夫或者渔民，和用半天时间把600台复印机卖给三位经营商比起来，谁更有能力一些，谁对公司的贡献更大些?”

听完公司老板的解释，另外两个应聘者低下了头。

接着，老板又严肃地说："你们让农夫和渔民买下复印机，看似很能体现你们的销售能力，然而我怀疑你们胡乱吹嘘了一些复印机的功能。我必须提醒你们，这是一个推销员最大的禁忌。"

说完这番话，老板告诉他们，在录用人选上，他不会改变自己的主意。

在日后的工作中，安妮一直秉承一条原则：把所有的精力都用来做最容易成功的事情，不去做那些听上去很玄乎却对公司没什么帮助的事情。多年后，安妮创下了年销售200万台复印机的世界纪录，至今无人能破。

2001年，安妮不仅被美国《财富》杂志评为"20世纪全球最伟大的百位推销员之一"（也是唯一的一位女性），而且还被推选为这家复印机制造公司的首席执行官，任期一任就是10年。

安妮在做销售的时候，市场定位非常清晰，并没有想着把产品卖给没有需求的人，而是把复印机卖给市场上的准客户。市场定位不准确，没有筛选准客户，无疑就是增加了销售的成本，是搬着石头来砸自己的脚。

马云曾经说过，教人把产品卖给没有需求的人，这根本不是销售的方法，而是一种江湖骗术。一个人的销售能力有多强，并不是把产品卖给根本就不需要的人，而是从人群中把有需求的人找出来，并在最短的时间内成功地把产品卖给他。

只有有价值需求的客户，才会与业务员的产品有关系；没有任何价值需求的人，根本不可能与业务员的产品有关系。

优秀的老板永远只要一种人，那就是喜欢并认可自己的人。只要找到了认可自己的人共事，就足以干出一番事业来，根本不需要所有人都喜欢自己。只有那些认可自己的人，才能在遇到困境时风雨同舟地一起走过来。

招聘员工时如此，销售产品时亦如此。作为世界第一饮料品牌的可口可乐，难道全世界每一个人都喜欢喝吗？可口可乐只需卖给喜欢它的人，就已经成为世界级的大品牌了。

对日久生情的客户，要放长线钓大鱼

当业务员面对着庞大的消费市场，不仅要学会筛选客户，更要学会培养客户。要是只筛选而没有培养客户，根本就不会有那么多的客户可供筛选，仍然会面临客户资源枯竭的危险。

什么是筛选客户？就是把有明显消费需求的客户从人群当中筛选出来，随后才能以有的放矢式的销售方式“狙击”。

什么是培养客户？就是把没有明显消费需求或者根本没有消费需求的客户保留起来，保持长期作战的准备，伺机寻找销售的机会。

不同性格和不同消费类型的客户，需要不同的销售方法。有些客户相对比较直接，消费需求相对明显，那就可以速战速决地实现成交；有些客户相对比较含蓄，且可能还没有消费需求，那就需要做好长期作战的准备。

客户资源是业务员的生命线，决定了业务员业绩的多少与市场的深度。放弃筛选过后的客户资源，是业务员最大的失误。客户没有需求，就要挖掘需求；挖掘不出需求，就要学会创造需求。

针对没有消费需求的客户或者日久生情的客户，要放长线钓大鱼，学会培养潜在的客户。在跟潜在客户长期相处的过程中，多跟客户产生各方面的连接，就有可能挖掘出客户的需求。

实战销售

陌生人只不过是还没有认识的熟人

一个年轻的小伙子陪自己的爷爷逛公园，他们在公园里四处观光时，一个年轻漂亮的女孩子从他们旁边经过，顿时深深地吸引住了小伙子。

爷爷拍了一下孙子："怎么了？看到美女就把爷爷忘了？"

"哪敢把您忘了呢？"小伙子挠了挠脑袋，"不过人家确实长得漂亮，要是能做您孙媳妇，那该多好呀。"

爷爷思考了一下，询问他："你想不想要到那个美女的手机号码？"

"想呀，做梦都想。"小伙子眼前一亮，"可惜人家根本就不会给，说不定还会认为我是个流氓。"

"看爷爷的，爷爷帮你要到那个美女的手机号码，你在这儿等着，别到处乱跑。"说罢，爷爷转身就走了。

过了一会儿，一个陌生电话打了过来："喂，你在哪里？你爷爷在公园迷路了。"

小伙子先是一愣，顿时恍然大悟。没过多久，他看见那个美女带着爷爷走了过来。

从此之后，小伙子和美女就认识了。只要一发现美女有时间，小伙子就会把美女约出来玩，时间一长，他们产生了感情，最后就真的走到一起了。

故事中的美女其实就是没有消费需求的客户，需要长期培养才能产生感情。爷爷帮小伙子拿到女孩的手机号码，就相当于把美女介绍给了小伙子。在培养客户的时候，要多跟客户产生连接，因而就要经常出来约会。

如果刚一认识就能成为情侣，那得多大的机缘巧合才能实现？绝大多数情侣都是一步步走过来的，都是在长期相处的过程中加深了解的。同样，极少有业务员刚认识客户就能把产品销售给对方，都需要长期相处与跟踪。

培养感情就是培养需求，有需求就有成交的可能。要是一个女孩始终不答应约会，两个人根本就不会产生连接，想要成为情侣的概率就很小了。只要约会的次数上来了，量变自然会引起质变，成为情侣的概率就大了。如果在销售中始终约不到客户，想要成交就相对比较困难了。只有提高与客户“约会”的频率，才有机会去了解客户，挖掘出客户潜在的需求点。即便客户拒绝了邀约，也不能轻而易举地放弃，而要一如既往地坚持，直到客户答应见面为止。

女生无情的拒绝或谩骂，或许会让人觉得非常没面子；客户无情的拒绝或推诿，或许会让业务员非常难过。其实，这些都没有关系，因为对方已经“在意”了，否则他们的态度根本就是置之不理，根本就把人当空气一样无视。

“客户虐我千百遍，我待客户如初恋。”说的就是这个道理，关键看业务员如何选择，是咬牙坚持，还是主动放手……

要是电话联系不上女生，根本就难以约到对方，怎么办？有经验的人就会选择主动上门，并且还带着鲜花或者巧克力，由此就恢复了彼此间的联系，只要有联系就还有成交的希望。

不少业务员在做销售时，经常遇到邀约不到客户的情况，然后就选择窝在公司不出去，因为他根本拜访不到客户。而有些业务员却截然相反，既然电话邀约不到客户，那就直奔公司，上门拜访。

实战销售

培养潜在客户

我以前做销售的时候，经常邀约不到多少客户，因为客户知道我肯定是来推销产品的，因而始终对我避而不见。

后来，我撂下电话提起包，直奔客户的公司而去。当时的我可没想到，我都直接上门拜访了，居然又被客户借口很忙而拒绝，那我就坐在客户的公司里等。

后来，客户实在不好意思再拒绝，就在办公室接待了我。由此，我们开始产生了连接，至少我有了培养客户的可能。

当时，我知道客户对我的戒备心比较重，他认为我上门就是想推销产品，可我偏要逆着他的思维行动。

前几次拜访，我的目的只有一个，那就是和客户交个朋友，因此我绝口不提产品和销售的事情，而其他话题全都可以拿出来谈，甚至有时候还会给客户带些礼物，包括来自老家的一些土特产。

直到客户真把我当成朋友后，我就开始转变话题谈生意了。就这样，在了解了客户的真实需求后，我轻而易举地就把客户“拿下”了。

培养潜在客户，可以先纯粹交个朋友，等以后有机会了再谈生意。一开始先不要谈产品的事情，只谈朋友间的交情。只要发现客户有时间，就主动去跟客户产生连接，一来二去，彼此就熟悉了。只要跟客户真的成了朋友，成交时客户的信任就容易产生，销售的事自然就事半功倍了。

第三章 潜意识的价值观：如何挖掘客户的需求点

洞察客户的需求，销售就成功了一半

为什么在销售的时候，有的业务员难以与客户成交？跟客户谈了大半天却还是无果而归，问题到底出在哪里？甚至还有不少人经常陷入苦恼中，因为他根本就抓不住人性。老板在管理的时候抓不住员工的心，员工就不服从管理；业务员在销售的时候抓不住客户的心，客户就始终不掏钱；家长在教育孩子时抓不住孩子的心，孩子就教育不好；女人跟男人相处时抓不住男人的心，结果男人就心猿意马……

其实，抓住人心并不是很复杂，只需要抓住对方的需求，明白对方究竟想要什么。只要把对方的需求抓住了，对方的心就抓住了。当把人性需求把握住了，就会发现事情容易多了。

想要管理员工，就要清楚员工想要什么；想要与客户成交，就要清楚客户想要什么；想要教育好孩子，就要清楚孩子想要什么；想跟男人相处，就要清楚男人想要什么。

如果一个业务员只知道自己想要什么，只想着自己要销售什么，却根本不知道客户想要什么，那么他永远都无法征服客户。其实，不管对方是多大的人物，也不管对方有多少财富，都有未被满足的需求，都会被自己想要的好处所驾驭。只要业务员找到了客户的需求点，有了客户想要获得的好处，其实客户的财富就被业务员抢占了，因为他无法抗拒自己的需求。做销售就是要找到客户的真实需求，让客户相信你能给到他想要的。

实战销售

人性的需求从来没改变

一个富翁想要找个妻子，恰巧有三个合适的人选。富翁给三个女孩每人1000元，要她们把自己的房间装满。三个女孩经过别人的指点，分别以不同的方式装饰着房间。

第一个女孩出其不意地买了很多棉花，把房间的1/2装满了。第二个女孩也别出心裁，她买了很多气球，把房间的3/4装满了。第三个女孩也非常有情调，她买了不少蜡烛，让烛光充满了整个房间。

最终，富翁并没有根据三个女孩的装饰来选择，而是直接选了胸部最大的那个女孩做妻子。

永远不要凭自己的主观臆断去猜测别人想要什么，而是要以客户思维、站在对方角度来思考别人想要什么，否则一个人永远都不会知道自己究竟是怎么失败的。

上述案例中富翁的真实需求，只有他自己最清楚，所以他做了令所有人惊讶的选择。三个女孩根本没有一针见血地切中富翁的需求，纵然花费再多的心思装饰房间，终究是无济于事、徒劳无功。

在业务员不了解客户的需求前，根本就不知道客户想要什么，那么他根本不知道自己究竟能卖什么。每一个客户想要购买的原始动力都是由自己的真实需求所推动的，对客户想要购买的动机了解得越多、越清晰，就越知道如何去销售。

想要洞察客户的需求，需要业务员有市场眼光。要知道，对于客户的真实需求，有时候连客户自己都不清楚，他在意识层面是这么说的，但在潜意识层面又是那么想的，结果就会出现言行不一致的状况。

实战销售

不要听别人说什么，而要看别人做什么

以前，麦当劳为了能提高店里的业绩，计划增加一个新品种。然而客户真正喜欢哪一类食品，麦当劳始终都不太确定。在做了大量市场调查，向消费群体发放了不少调查问卷后，调查结果统计出来了，绝大多数客户写的是“希望增加健康菜品”。

于是麦当劳公司切合消费者的内心需求，隆重推出了新食品“蔬菜沙拉”。但是，这一次行动让他们大跌眼镜，他们刚推出的“蔬菜沙拉”销量十分少，卖得好的依然是高热量的汉堡和薯条。

在做市场调查时，客户可能会以各种方式“骗人”，甚至他自己可能都不知道这是欺骗；但在掏腰包消费的时候，客户从来都不会自欺欺人，永远只忠诚于自己想要获得的好处。麦当劳公司所做的市场调查，就是一个反映客户需求的典型案例。

为什么不少老板信心十足地搞个新项目，最后却亏得血本无归？为什么公司按照市场调查结果来做了，最后客户却没有掏钱买单？为什么人经常出现心口不一的情况？为什么客户经常抱怨业务员的产品不行或者价格太贵？

这是因为，人说出来的话都是经过意识层面思考过的，但最后起决定性作用的却是他潜意识层面的真实动机。

换言之，客户在调查问卷上回答的都来自意识层面，并没有把自己潜意识层面的真正需求挖掘出来。例如客户挑剔产品有各种毛病是来自他的

意识层面，而在他潜意识层面的真相可能就是他没有钱购买。

其实很多时候，并不是客户真的没有需求，只是客户的需求是隐性的，还没有被发现，甚至连他自己都不清楚。发现客户内心真正需求的能力，就是业务员的营销能力或销售能力。

其实，产品不过是解决客户各种问题的一大堆方法的集合，解决了客户自身存在的问题，就满足了客户真实的需求。业务员做销售的任务就是针对客户所关心的需求，把这些汇聚在一起的东西全部拆给客户看，最终让客户相信并且愿意掏钱购买。

因此，当一个业务员能够准确地洞悉出客户想要什么的时候，就可以把产品包装成客户想要的样子，此时，销售其实已经成功了一半。

销售就是先找需求，人都有不一样的需求

一些业务员做销售时，每天都在外面辛勤地奔忙，激情从来没有消减，但就是跑不出多少业绩来。而一个业务员如果没有激情，无论他有多么实用的销售方法，结果也不会乐观。

只有好的销售方法，却没有激情，无异于茶壶煮饺子；有了激情，却没有好的销售方法，只会越做越迷茫。

全力以赴地跑遍了市场，却还是没有拿到多少业绩，这就不是激情的问题了，而是销售方法出现了问题。很多人在销售时都有过被客户骂出来的经历，为什么会被骂出来？不是因为业务员向客户推销产品，是因为业务员既耽误了客户的时间，又没让客户看到想要的好处。客户在哪儿买都是买，凭什么只在一个地方买？关键就看业务员能给客户带来什么。

要知道，每个人的时间都是非常有限的，都不能在无聊闲谈中白白浪费，当客户觉得业务员讲的对他没有什么帮助，自然就会下逐客令了。

人天生是一种自私的高级动物，没有谁会无缘无故地为别人掏钱，只会为自己想要的好处买单。只要业务员能够洞悉客户真正的需求，让客户

看到能够给自己带来的好处，那么不仅业务员不会被客户骂出来，而且客户还会欣然地掏钱。

为什么绝大多数人反感推销？就是因为不懂销售的业务员在不了解客户需求的情况下盲目地推销自己的产品，不顾客户感受地来一通介绍，这不仅浪费了客户宝贵的时间，而且也是对客户的极不尊重、极不负责。

试想一下，一个医生在还没有了解一个人究竟有没有病或者患了哪一种病的情况下，就嘚啵嘚啵地给别人推销药品，估计没病的人也会被气出病来的。同理，客户能不反感盲目推销的业务员吗？

实战销售

找准需求，一针见血

一位名叫戈迪思的青年创办了一本妇女家庭杂志，杂志社刚起步时，可谓举步维艰。为了吸引更多读者，开拓出庞大的市场，戈迪思想出了一个不错的办法，那就是请一些知名作家为杂志写稿。

不料事与愿违，没有哪个作家愿意给杂志社投稿，哪怕只是一个稍微有点名气的作家，也不肯为这本默默无闻的小杂志写稿。杂志社的发行量始终上不去，戈迪思寝食难安。

戈迪思苦思冥想了很久，这次他决定请一个知名作家带头来扶持杂志。经过一番详细的调查了解，他知道在那些著名作家当中最有影响力的是亚尔考德女士，在当时，她写出的每一篇作品都非常受读者欢迎。

虽然已经有了合适的人选，但怎么样才能让她来杂志社呢？后来，戈迪思了解到这位女作家的一个需求点，那就是她非常热衷于公益慈善事业。于是，戈迪思就以慈善事业作为突破口，试图跟女作家建立交往。

在交流的过程中戈迪思表示，以后作家每写一篇文章，戈迪思就会送她100元捐款，以资助她的慈善事业。

其实，戈迪思只是知道了女作家的需求后把稿费的名义稍微改变了一下，结果使得亚尔考德女士感到很亲切，慢慢增加了对这本杂志的好感。

时隔不久，亚尔考德女士果然和戈迪思成了朋友，并且努力为妇女家庭杂志写稿。由于赢得了这位著名女作家的好感与支持，戈迪思的杂志知名度越来越大，终于兴旺起来。

对一家刚起步的杂志社来说，想聘请著名作家为杂志撰稿，确实不是一件容易的事情。戈迪思之所以能把著名女作家邀请过来，是因为他准确地找到了亚尔考德女士的需求，了解到她一直以来都热衷于公益慈善事业。

当业务员难以与客户成交的时候，通常就认为让客户掏腰包买单太困难了。其实，并不是让客户买单非常困难，而是业务员没有找到让客户愿意掏钱的理由，就像打蛇时没有打到七寸。设想一下，客户几乎每天都在花钱，可为什么没有花在一个业务员身上，这就是值得这个业务员思考的问题。

不少业务员在市场上“壮烈牺牲”，都是“死”在只把焦点放在赚钱上，而不是把焦点放在产品如何值钱上。赚钱是人追着钱跑，结果越跑越累；值钱是钱追着人跑，结果钱越来越多。

要抓住客户的心理，紧扣客户的需求，想客户之所想，急客户之所急。

在还没有完全了解客户的需求前，先不要急着推销产品，要用挖掘需求的发问方式多听一听客户内心真实的声音，甚至可以带着一种强烈的好奇心，刨根究底地打探出客户潜在的需求点，直到真正了解客户想要的是什么。

当业务员挖掘出客户的需求后，先不要直接回答客户的问题，而是要学会介入一些感性的元素，比如可以说“我能感觉到您……”，以降低客户的戒备心理。在一些关键问题上，还要学会“复述”客户说出的问题，把客户的真实需求引导到自己能提供出好处的框架中，这就叫先跟，即从客户和自己共同认可的部分入手，成功地切入成交的销售步骤。

当然，不同的客户有不同的需求，针对不同客户的需求点，就要用不一样的销售方式，以满足客户多元化的需求。

生客卖的是礼貌，熟客卖的是热情，急客卖的是效率，慢客卖的是耐心，有钱卖的是尊贵，没钱卖的是实惠，豪客卖的是仗义，时髦卖的是时尚，小气卖的是利益，享受型卖的是服务，挑剔型卖的是细节，犹豫型卖的是保障，随和型卖的是认同。

不要抱怨客户没需求，只要人活着就有需求

业务员选择放弃客户，无非两个原因，一是客户没有购买力，二是客户没有需求点。其实，放弃客户是一种市场资源的巨大浪费，因为任何一个客户都有成交的可能性。

客户现在没有购买力，暂时不具备消费的能力，并不代表以后没有购买力，只要长期培养，就有成交的机会。有时，针对客户的需求点“撕伤口”，会让客户产生一种强烈想要的“痛觉”，这个时候即使向别人借钱，他也会选择购买。

客户真的现在没有需求点，没有想要获得的好处吗？其实，并不是客户没有需求，每个客户都会有不同的需求，只不过业务员暂时没有找到而已。即便客户暂时没有需求，不代表以后也没有，当业务员选择了放弃，不仅是放弃了客户本身，而且是放弃了一切可能。

无论在物质层面上，还是在心理层面上，每个人都存在着各种需求，这种需求可能会表现得比较明显，也可能是一种内心的隐性需求。任何一

个人，当他与外界互动的时候，其实就是暴露他潜在需求的时机。

每个客户都难以跟自己的需求对抗，都有表达自己内心需求的通道，有时即便没有跟人说心里话，那也会找其他方式来诉说内心话。要是实在没有值得相信的人，客户也会通过自己所能找到的方式，把自己内在的各种诉求传递出去。

只要找到了客户的需求，就相当于找到了蛇的七寸。业务员判断一个客户的需求到底在哪里时，最大的误区就是太过于关注自己的框架，而没有设身处地地站在客户的角度和立场，或者是没有引导客户进入让他感觉有压力的框架。

不要认为客户没有需求就轻易地选择放弃。人只要活着，就一定有需求；既然人存在着需求，就会产生需求没被满足的痛苦，那就是销售产品的机会。

实战销售

每个人都有需求，只是没发现而已

以前，海口有一个打工的女子，因为向老板讨要工钱不成，在走投无路的情况下，准备跳楼。

当时，女子坐在一栋大楼楼顶的广告牌前，用手抓着广告牌铁架，情绪极其激动。楼下，一些警察和救援人员已经做好随时救援的准备，以防女子情绪失控突然跳下来。

正当女子准备跳楼的时候，突然见到楼下的记者正在疯狂地拍摄，她愤怒地喊起来："你们不要拍了！我今天没有化妆，不够漂亮，很难看！"

一个即将跳楼自杀的女人，在临死前还担心自己不够美丽，这说明她还是有需求的。

其实，女子选择跳楼自杀也是一种人性的需求，她想通过死的方式来获得心理上的需求。因为她内心深处有一种想要解脱的渴望，只不过残酷的现实把她逼到了绝境，让她根本找不到一个更好的选择。或者说，女子根本不想死，因为她还有未被满足的需求，但又找不到其他解决的办法，就误以为跳楼可以获得想要的好处，至少可以让自己获得身心解脱。如果洞悉不出女子的真实需求，就会认为她真的是不想活了。

不要听到客户说“不想要”，就以为客户对产品没有需求。其实客户都有消费的需求点，只是他会把自己真实的动机隐藏起来，不会轻而易举地就把自己的底牌亮出来。

客户在购买的时候说不想要了，其实并不是客户没有需求，只是或者价格对他而言真的太高了，或者不相信产品能给他带来好处。

要是业务员认定了客户一定会要，那客户就会越来越被动，甚至在价格上都会难以把控。比如顾客买东西的时候觉得价格太高，那怎样才能把价格砍下来呢？要是商家吃准了顾客会购买，那顾客还能把价格砍下来吗？

不管是谁，都会把自己的动机隐藏起来，不会随随便便暴露出自己的需求，因为他根本不会让不值得信赖的人知道这一点。只要能挖掘出客户的需求点，仅需能切中客户需求的几句话，可能就能让想跳楼的人回心转意，让看似不需要的人非常渴望，让只想出几块钱的人愿意掏出几百块，让心里犹豫的人瞬间买单……

要是客户的需求早就已经得到满足，那业务员想要的就得不到了。一定要在客户需求还没被满足前，通过察言观色了解他的需求，把客户的需求还没得到满足的痛苦挖掘出来，再把未来可以获得的好处告诉给他，这样，销售就不成问题了。

以客户思维洞悉客户到底想要什么

对于刚接触销售的人来说，销售可能是世上最难的一件事，因为他们不仅要把自己的想法装进客户的脑袋，还要把客户兜里的钱装进自己的口袋。

既然要把自己的想法装进客户的脑袋，那就要了解客户的脑袋里到底有什么，也就是客户想要获得满足的需求究竟是什么；既然要把客户兜里的钱装进自己的口袋，那就要了解客户口袋里的钱有多少，即客户有多大的购买力、消费能力如何。

这就要求业务员要放弃自己的框架，进入客户所处的框架，否则根本难以了解客户。只有进入了客户的框架，理解了他的痛苦与顾虑，才能知道他的软肋是什么，也就知道如何说服客户了。

实战销售

站在别人的角度，洞悉别人的思维

在一家精神病医院里，有一个病人每天都蹲在墙角，他总认为自己是蘑菇，几乎每天都不肯吃饭。不少医生对此束手无策，不知道怎么办才好。

一个心理医生知道病人的情况后，来到病人身边，也像病人一样蹲下来。

病人很好奇："你是谁呀？"

心理医生说："我也是蘑菇呀。"

病人听了，点了点头。

过了一会儿，医生站起来走动。

病人看到后，询问医生："蘑菇怎么可以走呢？"

医生说："蘑菇也可以走动啊。"

病人思考片刻，觉得有道理，就跟着站起来走一走。

又过了一会儿，医生开始吃汉堡。

病人看到后，又询问道："蘑菇怎么可以吃东西？"

医生说："蘑菇当然也可以吃东西呀。"

病人觉得很对，而且感觉饿了，就跟着开始吃东西。

过了几天，虽然他还觉得自己是蘑菇，但至少能像正常人一样生活了。

这个故事是一个非常典型的案例，那就是一定要进入对方的框架中才能说服对方。要是以一个正常人的思维来思考，根本就无法理解精神病人的行为，那么就难以让精神病人正常生活。要是不知道病人想什么，那医生想要的永远都得不到，可一旦进入病人的思维框架中，真正了解了病人的所思所想，那么就不是把医生的思想强加给病人，而是让病人调整自己潜意识中的价值观。

进入对方的思维框架中，了解了对方的信念、价值观和能力，找到了对方行为产生的动力源，知道了对方最薄弱的环节是什么，就可以轻而易举地改变对方。要想了解老公，就以老公的思维进入老公的框架；要想了解员工，就以员工的思维进入员工的框架；要想了解孩子，就以孩子的思维进入孩子的框架；要想了解客户，就以客户的思维进入客户的框架。

在销售产品的时候，为什么业务员对自己的产品很有感觉，但客户没感觉？因为业务员只站在自己的框架中，而客户没有进入这个框架。不要有失客观地认为自己的产品有多好，要站在客户的思维框架去判断自己的产品能给客户带来哪些价值。

客户最反感业务员的一点就是王婆卖瓜自卖自夸，根本不顾及别人的真实感受。即便业务员想宣传自己产品的价值，也不能直截了当地从自己嘴里说出来，因为客户根本没有完全的信赖感，这时，业务员可以想办法借别人的口来说，即客户身边的朋友或者其他客户。

什么是客户思维？就是进入客户的框架，站在客户的角度和立场，清楚客户是如何思考的，客户究竟想要什么。客户关心什么，业务员就要注意什么。客户需要的是对自己有价值的信息，而不是一些销售中的废话。在销售的时候，抓住客户心理的关键点，用最简洁、精练的语言吸引客户，这是最有杀伤力的。

实战销售

进入客户的思维，挖掘潜在的需求

2009 年，美国能源部部长朱棣文在哈佛大学做了一次演讲，其中讲到一个生活中的细节。

1997 年，朱棣文知道自己获得了诺贝尔奖之后，认为母亲一定也会非常高兴，于是立即打电话给母亲，告诉她这个振奋人心的消息。

没想到母亲静静地听完之后，只是淡然地说道："嗯，这确实是个好消息，不过我更想知道的是你下一次什么时候回来看我？"

刚刚荣获诺贝尔奖的朱棣文听到母亲的回答后，感到非常震惊。

其实，不管是跟客户交流，还是跟身边其他人相处，每个人都可能走入一个思维的误区，那就是只站在自己的角度和立场，用自己的思维方式去思考别人，用自己的评判标准去判断别人。

或许业务员在跟客户交谈的时候，并不是不知道客户想要什么，而是根本没有思考客户想要什么，就直接把自己想要的强加给客户。也就是误以为自己非常在意的东西，别人也非常关注；误以为自己可以忽略的东西，别人也不是很在意。

作为业务员，既然想要客户买单，想让自己的业绩提高一点，那就要走出以往销售的误区，尝试着进入客户的框架中，一针见血地知道客户要什么，否则只会越做越累。

我以前从事销售工作的时候，曾有客户推心置腹地跟我说：一是不要拿自己的思想去“强奸”客户，一定要弄明白客户到底在想什么，而不是业务员在想什么；二是不要拿自己的产品去“强奸”客户，一定要想清楚客户到底需要什么，而不是业务员自以为是地想当然。

业务员要站在客户的角度，反观客户想说什么。听一听来自客户的心声：你们天天喊着产品物美价廉，却不知道我们到底想要什么……你们天天喊着以客户为中心，却从不知道我们怎么买东西……你们天天喊着与客户做朋友，却从不知道怎么去帮助客户……简单一点说就是，你们从来没有真正关心过我们的需求部门为什么买这个东西，我们的采购部门按照什么流程买东西，我们采购人员的压力与需求部门的压力是什么……至于一次重大采购对各层人员的影响，你们更是置若罔闻……

说服力就是要让客户看到自身的需求

不少业务员在提升销售能力时，就是想要提升与客户成交时的说服力，认为只要自己的说服力上来了，销售中的成交率就会有所提高，甚至认为只要自己有了超强的说服力，就可以把任何产品卖给任何人……

然而，这个说服力练了这么久，究竟有没有很惊人的改变？跟客户谈单的时候，是不是跟狙击手一样，几乎“一打一个准”呢？如果没有，那就要停下来思考什么才是说服力，否则就是南辕北辙，越走越偏远。

说服力并不是指一个人去说服别人，而是要别人说服他自己。发现了没？通常情况下，一个人越想说服谁，反而越难说服他，甚至在逆反心理的作用下，他还越对着干。没有谁可以说服谁，只有他能说服他自己。

业务员说服客户的原理是什么？就是让客户意识到自身存在的需求，

并且发现从业务员这里可以获得他的需求，所以自然而然地就愿意掏钱买单了。否则，越是强行给客户推销产品，客户越是反感。

任何一个人在思考的起点，首先考虑的就是自己的利益，这是亘古不变的人性。不管出于自身在客观上的物质需求，还是出于自身的心理需求，每个人都会为自己的需求买单。当客户说自己没有任何需求的时候，其实是被自己的思维框架限制了，在他自己有限的时间、空间和角度中，所呈现出来的各种资源极为有限，他寻找不到内心真正的需求。

此时，业务员要想成功地说服客户，让客户有极度渴望的需求，让客户说服自己买单，只需要改变客户目前所处的框架，将客户重新调整到另外一个时间、空间及角度的框架中，使客户在新的框架中看到自身的需求，客户想要被满足的需求越强烈，就越容易成交。

实战销售

假期卖出4万包饼干的小姑娘

一个年轻的姑娘在假期中打工，在短短不到两个月的时间里，她竟然打破了公司的记录，一个假期卖出了4万包饼干。

不少人对此极为惊奇，小姑娘是如何做到的呢?

小姑娘在销售饼干的时候，先是准备了一些价格为30元的彩票，随后跟顾客说：“我想买一辆自行车，所以利用假期卖彩票挣点钱。您现在只需要花30元，就有可能赚到100万哦。”

客户听到后，通常第一反应就是彩票太贵了。小姑娘由此判断客户掏钱购买彩票的可能性并不是很大。

此时，女孩马上拿出10包饼干，再一次对客户说：“这个好吃的饼干才3块钱一包，您只要买10包就可以了。这样您既可以品尝到美味的饼干，还有机会拿到100万的大奖哦!”

客户听完之后，大部分人就掏钱买了。

案例中的小姑娘在销售饼干时，就很擅长改变客户所处的思维框架，不断激发客户想要购买的欲望。她改变了时间、空间及角度中的某一个元素，让客户在新的框架中看到了自身的需求。

作为业务员，一定要相信，即使再困难的事情，也肯定有薄弱的地方。没有卖不出去的产品，只是没有找到客户的需求；没有成交不了的客户，只是没有找到与客户成交的方法。

业务员手中的任何一个产品，只要找到了客户需求的框架，无论哪个时间、空间及角度，都可以成功地把产品卖出去。在不同的框架中客户有不同的需求，当发现客户在这个框架中说不需要时，就要把客户调整到另一个新的框架中。不能听到客户说不需要，就认为客户没有需求，就主动把客户放弃了。业务员一定要先进入客户的框架，随后引导客户进入另一个框架，让客户在新的框架中看到自身的需求，然后就会不知不觉地购买了。

即便客户在现在的框架中没有需求，但在未来的框架中也会有需求，比如未来可能会需要买保险；即便客户在自己的框架中没有需求，但在别人的框架中可能就有了，比如作为一份礼物送给别人。

实战销售

让客户看到自身的需求

为了筹备结婚用品，小王来到商场准备买一些家具。

商场的售货员小伙子一看到小王，就极力给他推销一款高端大气上档次的沙发。可任凭小伙子怎么推销，小王始终觉得沙发太贵了，小伙子好说歹说，小王就是不愿意掏钱购买。

一个售货员小姑娘看到后，不慌不忙地走过来对小王说：“一看你就没有经验，在家里，沙发和床一样重要。你确定自己结婚后每天都能睡在床上吗?”

小王思考了片刻，感觉一语点醒梦中人，他马上向小姑娘询问：“还有更好的沙发吗？带我去看看!”

业务员在销售过程中，一般都会跟客户谈很久。其实业务员跟客户交谈，就是在调整客户所处的框架，要将客户的框架调整到能满足客户需求的框架中。上述案例中的客户在原有框架中根本没有看到自身的需求，而售货员小伙子没有调整客户需求的框架，导致他费尽口舌也成交不了。

此时，不能继续在无效的框架中相互对抗，业务员要主动给客户转换框架。即便目前客户暂时不需要，但在未来某一个框架中可能会需要；即便这个地方暂时不需要，另一个地方可能会需要。

所谓销售高手，就是能够根据客户的不同需求，把客户引导到另一个新的框架中去，让客户看到自己需要被满足的需求点。就像故事中的售货员小姑娘，她把客户带到了“婚后冷战”的框架中，马上就让客户产生了强烈想要的需求。

为什么有时候明明是一个漂亮女生，看起来却不够漂亮？那是因为距离她太近了，她脸上的痘痘一览无余，当然就觉得不漂亮了。再比如欣赏一幅油画时，远远地看会觉得非常美，走近一看感觉就不对了，都是油彩色块。业务员在跟客户交谈时，也不能急于向客户展示产品，否则客户根本就不会感兴趣。

客户的需求一定要让他自己意识到，而不是业务员一步到位地强加给他。一个懂得销售的业务员会引导客户逐渐发现自身的需求，而不是刚一开始就喋喋不休，直至把客户逼走。

销售不仅是发现需求，还要创造新的需求

许多业务员做销售的时候，都遇到过下面这种情况，就是业务员在市场上转了一大圈，在一线接触了不少客户，发现陌生客户真的不好开发，似乎都没有什么需求，因此便觉得自己公司的产品不好卖。

基于人性需求的价值交换才是真正意义上的销售，否则只不过是骗术而已。业务员寻找不到客户的需求点，就没有打开向客户销售的突破口，就不知道该从何处下手。当业务员挖掘不出客户的需求，就会在筛选时放弃客户。

殊不知，挖掘客户需求的销售主要分两种境界：一是发现需求，满足需求；二是创造需求，满足需求。

发现需求就是业务员通过各种观察或询问的方式，找到客户身上存在的各种需求。要是不知道客户的需求在哪里，客户就很难买单。客户内心深处想要的，并不是业务员认为客户应该要的，而是潜藏在客户背后的隐秘需求，甚至他自己可能都还没有察觉到。只要能挖掘出客户深层次的需求，就找到了与客户成交的机会。

创造需求就是业务员改变客户背后所处的框架因素，让没有消费需求的客户产生需求。客户在原来的框架中或许没有需求，但是放到特定的环境框架中，改变了框架的时间、空间及角度，就会为适应新环境而产生需求。这并不是客户本身需要什么产品，业务员就满足需求地卖给他什么，而是业务员根据手中的产品，让客户产生想要购买的需求。

针对不同的客户类型，销售方法要随机应变。若客户有消费的需求，那就满足客户的需求；若客户没有消费的需求，那就想办法创造需求。销售的需求不仅可以挖掘出来，而且还可以创造出来。人生的机会不能只靠等待，更需要去创造，要是不懂得如何创造，不管是做市场营销，还是各种人生路途，都会越来越被动。

实战销售

与其被动等待，不如主动创造

有三个人同在一家合资公司就职，都希望自己能在工作上得到老板的赏识，可一直没机会跟老板直接接触。

第一个人觉得自己有着满腔的抱负，就欠一个上级领导提拔重用的机会，所以经常想着哪一天见到老板，一定要展示一下自己的才干。然而他想了大半年的工夫，还是没有机会见到老板。

第二个人也有同样的想法，可他有着更进一步的深思。他经常打听老板上下班的时间，也算好了老板大概会在什么时候进电梯，然后他就选择在这个时间去坐电梯，希望借此可以见到公司的老板，有机会跟老板打个招呼。

第三个人不仅有同样的想法，而且懂得创造机会。他详细了解了老板的创业经历，弄清楚了老板毕业的学校、人际风格、关心的问题，然后精心设计了几句精练又有吸引力的开场白。起初一个阶段，他经常在精确算好的时间段去乘坐电梯，跟老板打了几次招呼。等老板认识他之后，有一天，他终于跟老板长谈了一次，时隔不久就争取到了一个更好的职位。

苦苦等待机会降临，只会让自己更加尴尬，根本难以出现转机。案例中的第三个人非常有智慧，他并不是被动地等待机会，而是想尽一切办法了解老板，并有意制造各种与老板相识的机会。只要能跟老板连接上，老板能关注到他，他在公司就有机会升迁了。否则，一个偌大的合资公司里，不少同事都是名校毕业的，哪里能有自己的机会呢？所以他只能自己创造机会。

业务员在销售的时候，经常发现有些客户安于现状，几乎没有什么消费需求。要是业务员想销售衣服，客户会说家里一柜子衣服，根本不需要买新的；要是业务员想销售好车，客户会说现在的小车挺好的，暂时还不需要更换；要是业务员想销售家具，客户会说现在旧的还能凑合，等以后没有的时候再买……要是客户没有需求，那么业务员就变得痛苦了；要是客户对现状感到很满足，业务员就很难赚到客户的钱。让客户产生需求，让客户对现状感到不满足，就是创造客户需求的核心。

当客户满足于安逸的现状时，可以问问客户想不想成为谁，或者想不想拥有什么样的生活，这样可以迅速找到客户的榜样，或是勾起客户想要获得的某种欲望，客户的需求由此就创造出来了。

只要渴望跟现实还存在着差距，客户就一定会产生不满足的需求。存在的差距越大，渴望越强烈，需求就越大，就越容易成交了。

客户愿意掏钱买单，就说明他一定有需求，身上有需求的“伤口”。要想满足自身的需求，治愈身上的“伤口”，客户必然要付出金钱成本。需求越是强烈，“伤口”越严重，客户愿意掏的钱就越多，掏钱的速度也就越快。

业务员要想把产品成功地销售给客户，就一定要找到客户身上的“伤口”，甚至还要把这个“伤口”撕开，放大痛苦，客户越感觉痛，就越不会讨价还价。要是客户并没有需求的“伤口”，就要想办法给客户创造“伤口”，让客户知道治愈伤口的药就在业务员手上，这样，客户自然而然就会主动找业务员购买了。

客户暂时没有消费需求，就改变客户的时间框架

创造客户想要获得的价值需求，就是改变客户背后所处的框架。改变时间、空间及角度中的任何一个因素，都可以让客户处在另一个新的环境框架中，从而就给客户创造出了新的价值需求点，就找到了销售产品的突

破口。

为什么在销售的时候，有些客户嘴里说着“不需要”，最后却到竞争对手那里签单了？这是因为客户并不是真的没有需求，而是业务员没能让客户看到自己的需求。如果业务员把客户放到另一个框架中，客户自然就会产生出新的需求。

其中，最为常见的就是改变客户的时间框架，把客户调到“未来”的框架中，让“现在”还没有任何需求的客户愿意为“未来”买单。在“现在”的时间框架中，客户拥有的资源相对比较充足，因而购买的需求并不是很强烈，甚至几乎没有购买的需求和欲望。一旦客户处在“未来”的时间框架中，就会因未知的恐惧而没有安全感，就会愿意在当下为未来付出金钱的代价。

为什么现在的孩子生活衣食无忧，但家长愿意为了孩子的教育花钱呢？为什么现在的孩子有很大一部分不愿意认真读书呢？

这是因为家长跟孩子所处的时间框架不一样。家长是在“未来”的时间框架中思考当下的事情，担心孩子没有一个好的未来，因而愿意掏钱；而孩子是在“现在”的时间框架中产生当下的行为，他们对当下教育的需求不明显，求知的欲望不是很强烈，很少思考长大以后会有什么危机，所以不太会主动翻开书来学习。

假如家长想与自己的孩子“成交”，让孩子在当下就好好学习，那么怎样才能让孩子在读书方面产生需求？只有改变孩子所处的环境框架，才有可能实现这一目标。家长可以把孩子从“现在”的时间框架中调整到“未来”的时间框架里，一方面让孩子产生想要获得快乐的需求，比如未来想成为一个什么样的人；另一方面让孩子产生想逃避痛苦的需求，比如未来可能会遇到什么样的危机……只有把孩子放在“未来”的时间框架中，让孩子读书时不轻易“破框”，一方面激发孩子想实现的梦想，使孩子追求快乐，另一方面让孩子产生一种危机感，就是逃避痛苦，孩子在当下的时间框架中就会好好学习了。

实战销售

钱　荒

有一年，宋朝发生了一次货币危机，老百姓都揣着钱不怎么消费，导致整个社会经济出现了危机。

皇上为此寝食难安，他召见了大臣秦桧，问他："现在货币危机越来越严重，到底该怎么办才好？"

秦桧微微一笑，说："皇上别担心，臣自有妙计。"

第二天，秦桧跑到外面去理发。当打理完了要付账时，秦桧拿出五钱递给理发师，非常豪爽地说："不用找啦。"

理发师正要表示感谢，秦桧将他制止，并压低声音说道："你千万不要传出去，宫里已经传出密旨来，我们现在使用的货币可能过几天就不用了，那还不如尽早花出去。"

正如秦桧预料的，此事一传十十传百地迅速传出去了，老百姓们担心手里的钱作废，全都出来主动消费了，现钱如喷发一般进入市场，钱荒的问题就这么轻而易举地解决了。

当整个社会出现货币危机时，朝廷想与所有的老百姓成交，让老百姓都来掏钱消费，这不是一件容易的事情。因为老百姓在当下并没有需求，各方面生活相对比较安逸，他们只想把钱放在口袋里，想花的时候再花。

为什么秦桧几乎不费吹灰之力就解决了当时钱荒的问题？因为秦桧改变了老百姓所处的环境框架，让"当下"生活非常安逸的老百姓在"未来"的时间框架中产生了不安全感，从而产生了花钱消费的需求。老百姓相信现钱很快就废弃了，再不花掉以后就没用了，所以全出去花钱了。

99%的人不会转换框架，更不会改变别人所处的框架。不少人在判断、评估一件事情值不值得做时，在时间轴上没有纵观全局，不是拿未来去思考判断，而是拿现在来权衡利与弊，即用现在看到的情况去判断事情在未来的走势。有时候甚至懒得去判断，就希望有人在前面带领着，他们稳稳妥妥地随着大流走，因为这样投入的成本最低。事实上，恰巧就是这种人最容易成交，只要把他背后的框架改变一下，他在新的框架中的需求就出现了，而且还会因为懒得思考而选择相信。

只要一个人对未来还有期待，对以后的生活还充满希望，就意味着他对今天感到不满足，就会产生新的需求，业务员就可以把他想要的卖给他。在跟客户谈单的时候，要是客户相信在“未来”的时间框架中产品还会继续涨价，就不会计较当下价格的高低了。

实战销售

投资就是看到未来的资源

一个小女孩拿着两毛钱到瓜园去买西瓜，瓜农看她的钱太少了，就想着把小女孩糊弄开。

瓜农指着一个还没有长大的小瓜对小女孩说：“你手中的两毛钱只能买到那个小瓜。”

小女孩听了非常高兴，兴高采烈地把钱递给了瓜农。

瓜农非常惊讶，疑惑地问：“这个小瓜还没有长熟呢，你现在要它……怎么吃呢?”

小女孩回答道：“我现在把钱给了你，这个瓜就属于我了。等瓜长熟了以后我再来拿。”

案例中的小女孩很有智慧，因为她知道西瓜一定会成熟，现在购买比起以后再买，只需要投入两毛钱就可以了。善于“破框”的人做事情最灵活多变，即便没有机会也会去创造机会。

不少人面对投资问题时极其纠结、困惑，因为其中存在许多不确定的因素，所以不知道怎样才能做出最佳的判断，既担心投资之后砸在自己手里，又担心如果不投会错过好机会。

其实投资本身也属于一个时间框架问题，赚的就是不同时间框架中的利润差，所以不能站在“现在”的时间框架中思考，而要站在“未来”的时间框架中判断。

投资，什么时候出手最好？要在太阳刚出、别人还在睡觉、时间框架转换的那一瞬间及时出手。

消费具有一定的盲目性，不能完全听信客户

进入客户思维框架的目的是什么？一是通过同理方式获得客户的信任，二是以客户思维了解客户在思考什么，三是站在客户的角度知道客户要什么。

不少业务员在跟客户交谈时，顺利进入了客户的思维框架，却忘了从客户的思维框架中跳出来，以致被客户牵着鼻子走，忘记了自己销售产品的目的是什么。

业务员在跟客户交谈时，要想挖掘客户的需求，并不能只听客户说了什么，而是要了解客户最真实的需求点。客户在表达自己的需求时可能会带有一定的欺骗或者隐瞒，没有告诉业务员他的真实需求是什么，甚至有时候连他自己可能都不知道他在欺骗或者隐瞒。因为客户在回答具体问题时，绝大多数是经过意识层面思考过的，而不是他潜意识中最原始的想法。也就是因为这一点，客户在消费的时候具有一定的盲目性。

要是业务员完全相信客户所说的，认为客户真的是暂时没有消费的需求，或者他更喜欢其他产品，那业务员在销售的起点就输了。因此，业务员一定要学会区分客户的需求，哪些需求是直接从客户潜意识中冒出来的，哪些需求是客户经过意识层面思考后说出来的。

实战销售

需求不在嘴里，而在潜意识里

有一个男生喜欢一个女生，他鼓起勇气向女生表白，女生只淡淡地说了句："我们不合适。"

男生听了非常难过，转身默默地离开了。

大概过了几个月，女生竟然和另外一个小伙子走到了一起。其实这个小伙子的境遇跟男生差不多，就在那个男生向女生表白的那一天，女生跟这个小伙子也说过同样的话。

然而小伙子并没有把女生的话放在心里，还是一如既往地爱着女生，两个人最终走到了一起。

无独有偶，身边有一个朋友在追女生的时候，同样也遭到了女生冷酷无情的拒绝。

女生态度坚定地说："你不是我喜欢的类型，我不找比我大 5 岁以上的男朋友。"

结果没过多久，女生竟嫁给了一个比她大 10 岁的男人。

女生几乎跟谁都说了一句"我们不合适"，最终却跟曾经认为不合适的人走到了一起；另一个女生说不找比自己大 5 岁以上的男生，最终却跟一个比自己大 10 岁的男人结婚了。

其实，语言是经意识层面思考后讲出来的，可行为是受到潜意识的影响而产生的。

从客户嘴里说出来的话，永远只能做一个参考，不能完全相信。对于客户说出来的话，业务员只能相信一半，而另一半要作为思考的空间。比如在跟客户交谈时，客户可能会说对这个产品没有兴趣，可没过几天，客户居然跑到另外一家店买了同一个品牌的产品；或者客户说他只能接受价格在多少钱以内的产品，可后来他在其他店里却买了一个贵了好多的产品。

业务员在销售产品时，很多时候真不能完全听信客户的，不能只听客户滔滔不绝地讲，要趁客户稍微不注意时，在思维上跑到客户的前面去，引导出客户新的需求点，告诉客户他到底需要什么。

在这个世界上，有5%的人知道自己想要什么，有5%的人不知道自己想要什么，有90%的人根本不知道自己想要什么和不想要什么，而这些人最需要被别人引导。只要能引导好他们，就能把产品卖给他们。

业务员要做到不被客户牵着鼻子走，不然自己就会一通乱跑瞎忙；也不要一味地只听客户说的话，要清楚自己的身份和想要的结果，否则就会误了客户、害了自己、坑了公司。

客户的需求究竟怎么产生的？任何一个人都会对曾经接触过但还没有得到的东西产生想要获得的渴望，而不会对一个从来没有见过的东西产生想要消费的需求。

在汽车还没有被发明出来之前，一提到交通工具，人们首先想到的就是人尽皆知的快马，没有多少人会跑到前面去思考是否需要用另一个新的东西去替代。所以，要是业务员能够跑到客户的前面，基于客户想要获得的好处，用一个新的技术产品去替代，那么就可以抢占庞大的消费市场。

客户既然产生了需求，就想被满足，业务员如果只是跟在客户的后面，那么永远都会陷入被动境地。客户跑在前面，他就拥有更多的资源，拥有更多的选择，如果业务员只是跟在后面追着客户的需求走，说明业务员的产品同质化已经很严重，甚至在各方面都比不上别人的产品。

有时候跟客户交谈时，客户会对产品的某些方面提出不同的意见，比如价格、款式、颜色、功能等等，要是业务员真的相信了客户所说的这些，那业务员其实已经掉到了客户的框架中，不知不觉地被客户引导了。

客户之所以出现这些情况，绝大多数真相就是想砍价。客户不好意思直接说价格有点儿贵，那就找找产品在其他方面的缺点，目的就是想把价格降下来一点。要是客户对产品不感兴趣，对产品的功能没有任何需求，他根本不会针对产品说这么多缺点。

一些不懂得销售的业务员会耐心地向客户解释。如果产品确实有这些方面的硬伤，那么越解释越被动，最终结果就是价格被客户砍得没有多少利润了。优秀的业务员会一针见血地洞悉客户的真实目的，或者利用产品的优势引导客户关注新的焦点，比如将客户的想法转换到产品能给客户带来的好处和价值上。

有了需求也别急着成交，要“撕伤口”让客户感觉痛

业务员在销售时经常会出现一个致命的失误，就是刚一发现客户的需求点，便迫不及待地拿出产品想成交，结果客户购买的意愿并不高，导致双方陷入惨不忍睹的价格战中。即使最终成交了也没有多少利润空间，业务员于是急急忙忙地找下一家客户……

如此一来，看似每天都在辛辛苦苦地四处奔波，却不如别人一笔订单的业绩多。其实在销售中根本不用这么急着成交，成交并不在于最后客户签字掏钱的行为，那只不过是履行一个手续而已。就像与女朋友相处，并不是最后领证了才是成交，你跟她相处的整个过程都是在成交，销售时的成交与此是同一个道理。

成交一定要讲究火候，火候不到绝不能成交。当对方还不感兴趣时，提前表白只能是死路一条。与客户成交不了的原因无非这两个：一是客户还没有意识到不购买会有哪些损失；二是客户对产品还不信任，业务员还没有捅到客户需求的“伤口”。

有无数业务员在与客户成交前，缺少提高客户购买意愿的环节，这时就要“撕伤口”增加客户的疼痛感，让客户感觉到非买不可，然后再成交。要抓住客户想要购买的需求点，“撕伤口”一定要创造出痛觉来。需求的伤口“撕”得越大，产生的痛感越强烈，客户购买的欲望就越强。例

如正常情况下，客户对赚 200 块钱的事不会感兴趣，可相对于丢了 200 块钱来说，客户对赚 200 块钱的事就感兴趣了。其实，这个对比的过程就是在“撕伤口”。

客户购买的价值有多大，其实根本难以衡量，客户只是凭借主观上的一种感觉在判断。就比如不少人在看自己的工资时，并不是根据自己的能力和价值去权衡，而是跟别人对比之后才产生想法，要是别人的工资比自己低一点，就会对自己的判断较为满意；要是别人的工资比自己高一点，就会对自己的判断感到沮丧。

实战销售

如何向“沙漠王国”销售沙子

2014 年底，德国一家名叫风速的建材公司在一笔看似不可能成功的生意中赚了一大笔，让人大感意外。原来这家公司的老板接了一笔大订单，居然向阿联酋出售了 1500 方沙子。

要知道，阿联酋可是号称“沙漠王国”的，那里几乎遍地都是黄沙。面对这么一个难以搞定的客户，风速建材公司是怎样拿下这笔大单的呢？

风速公司老板名叫库尔特·海森堡。2014 年秋天，他从报纸上得到一个消息：阿联酋迪拜将搭建一个世界级赛马场。看完这一消息，库尔特有些兴奋了。

他不管不顾地放下公司忙碌的业务，居然一个人跑到迪拜旅游去了。谁也没想到十多天之后，他一回到公司就向大家宣布：“我要把德国的沙子卖到迪拜去。”

一头雾水的员工们根本不知道老板究竟要干什么，所有的员工都感到不可思议，都认为这是不可能的，都认为老板肯定是疯了。

两个多月之后，库尔特背着一个大包，再一次来到迪拜。这次他可不是出来旅游的，他直接找到迪拜世界级赛马场负责人赫尔姆特，开门见山地向他推销起了德国的沙子。

赫尔姆特直接拒绝了他。

库尔特赶紧说："您先别着急，您能否先听我说一说为什么要向您推销德国的沙子？"

赫尔姆特有些好奇，便点头示意他说下去。

库尔特信心十足地接着说道："就在两个多月前，我在迪拜待了十多天，在这十多天的时间里，我只做了一件事，那就是到各个角落踩沙子，用心去感受它们。您知道吗？虽然迪拜最不缺的就是沙子，可这里的沙子普遍颗粒偏大，颇粗糙，并不适合铺设赛马场。一旦将这种沙子用进赛马场，动辄就可能伤到价值千万的纯种赛马，那时你们的损失将难以估算。"

库尔特短短的几句话，把赫尔姆特吓出了一身冷汗。不过，他还是有些犹豫："虽然你说得有道理，但我怎样才能确定你们德国的沙子就一定不会伤到我们的赛马呢？"

库尔特笑了："前些日子我跑遍德国各地，精选了十几种优质的沙子，这次特意带来样品供您挑选。"说罢，他从自己的包里掏出十几袋细沙递给赫尔姆特。

赫尔姆特打开其中一袋沙子，伸手摸了摸，发现它果然质感非凡。这样，赫尔姆特经过层层筛选，最终选定了一种德国细沙。然后，库尔特与之签下巨额订单，向迪拜发去1500方沙子。

这件事情一经传开，所有人都称赞库尔特创造了一个商业的神话。

案例中的老板库尔特在谈单的时候，就成功地运用了"撕伤口"的销售技巧，竟使得赫尔姆特听完后吓出了一身冷汗，产生了一种强烈想要购买的痛苦感觉，否则他将面临无法估量的经济损失。

客户在购买时，更多时候凭的是一种感觉判断。客户到底愿意为产品掏多少钱，就看业务员能给他塑造出多大的痛感，能把他的需求伤口“撕”得多大。要是能撕出一倍的痛苦感觉，客户就愿意多付一倍的钱；要是能撕出十倍的痛苦感觉，客户就愿意多付十倍的钱。例如一些洗发水的广告在介绍产品时就是在给客户“撕伤口”，把头皮屑说得跟癌症一样可怕，让客户感觉到不买好像就会怎么样，从而对“去屑”的洗发产品产生了需求，这就是为后续的成交撕开了一个“大伤口”。要是没有“撕伤口”的环节，那就跟其他产品没什么区别，客户又凭什么购买产品。

要知道，当一个人在价值需求上有强烈的欲望时，就很容易丧失理性层面的判断力。例如老人最大的需求就是身体健康和延年益寿，别人只要在向他们推销产品时稍微“撕”一下伤口，他们就感觉身体好像真的不行了，或者感觉自己根本活不了多久了，因而给他们推销一些保健品特别容易；可要想把保健品卖给年轻人，那销售难度几乎是呈几何倍数增加的，因为年轻人的需求并不明显。

第四章　潜意识的价值观：如何塑造出产品的价值

介绍产品不需要专业语言，只要客户能听懂就行

一些业务员有不少客户资源，甚至名片也被客户收集了不少，但就是不擅长介绍自己的产品，在跟客户交谈的时候不知道怎么向客户介绍产品，就知道漫无边际地闲聊，最后客户朋友交了不少，但是产品没有卖出去多少。

做销售，就要根据不同的场合交流不同的话题内容，以润物细无声的方式把产品信息传递给客户。如果不懂得如何介绍产品，就难以让客户看到产品的价值，以至客户不确定产品能否给他带去他想要获得的好处。

为什么绝大多数业务员都不知道怎样去介绍产品？是因为他们从一开始就否定了自己，认为自己的口才没有别人好，再加上不懂得与产品相关的专业知识，就更加不知道如何介绍产品了。

其实不然。一个真正懂得如何介绍产品的业务员，根本不需要懂太多的产品知识，他只要懂得塑造产品的价值就行了，最终让客户相信产品能给他带来好处。业务员能给客户塑造出多大的感觉，客户就愿意为产品付出多少的钱。

客户了解产品的主要渠道，就是通过业务员的介绍。要是连自己都质疑产品，没有把产品的卖点塑造好，勾引不起客户想购买的欲望，客户怎

么可能掏钱购买呢?

实战销售

没有塑造，就没价值

一男子跑到寺庙里面，想找一个大师算卦。

大师："施主，你怎么了?"

男子："大师，我想问一下您，我的人生还有意义吗?"

大师："施主，你是做什么的?"

男子叹了口气，对大师说："大师，我是一个浪子，我每天开着自己的专属小车，从南走到北，又从东走到西，终日徘徊在豪华夜总会、星级酒店、别墅小区之间，疲惫地浪迹于众多女子之间。"

"哦?"大师疑惑地看着男子，心想：这样的人生是很多人羡慕的，他怎么……

男子又接着说："偶尔累了，我想躲开女人休息一下，可那些美女们就像疯了一样，疯狂地打电话给我，一天下来能有几千个，实在是太辛苦了。大师，我该怎么办?"

大师仔细想了想，恍然大悟："我在这里几十年，还是头一回见到一个快递员把自己说得这么牛。"

此处，我们不辨析上述案例的真伪和其中人物的价值观，只借此深入探讨如何塑造出产品的价值。案例中的男子虽然只是一个穿梭于大街小巷的快递员，但他很懂得塑造自己的身份，他只是从另外一个角度去描述，他的话语并没有欺骗别人，但别人听了会有很深的印象。要是在介绍的时候不懂得去塑造，那身份价值就大打折扣了。

在销售中，介绍产品时也要塑造价值，要紧扣客户想要获得的价值需求点，把产品所有的卖点和优势推崇到位。塑造产品的价值并不是在夸大产品的效果，而是在放大客户的需求，让客户购买的欲望更强烈。

在市场竞争异常激烈的今天，任何一个产品出来后，很容易马上就被其他产品同质化，其功能和价值也很快会被其他产品所替代。产品介绍没有塑造到极致，就难以从同类产品中脱颖而出，在客户心目中就会少了优势。

实战销售

塑造到位，成交不累

有一个28岁的小伙子，相貌非常一般，身高也不突出，身子还显得有点单薄，要是把他扔到人群里，看不出什么出众的地方。他在外企工作，是一个市场专员，每月领到的薪水也一般，经济条件也就属于中等。

可就是这样的一个人，相亲时从介绍人嘴里出来的样子却让不少女生为之神往。

介绍人是这样在女生面前塑造小伙子的形象的："这位小伙子为人非常好，身高就是中国男人的标准身高，不太高，但是也不矮；长得跟国家足球队的帅哥似的，很多女孩子见了都会动心；他在世界500强企业的市场部工作，年纪轻轻就一个人负责上海、温州两大区域……"

只要价值塑造到位，成交时就不会太累。案例中一个各方面条件都很一般的小伙子，还没有跟女生见过面，但是介绍人几句短短的介绍语就在女生心目中塑造了好印象，让小伙子从众人当中脱颖而出，以最低的成本博得了女生的好感。

业务员在向客户介绍产品时，怎么样才能以最有价值的介绍语，在最短的时间里面成功说服客户，赢得客户的关注与青睐？在向客户介绍产品时，客户不会在意业务员是否直接进入主题，他在乎的是业务员的主题是不是他想要的。塑造产品的价值就是塑造客户的感觉，以各种方式激发出客户想要购买的强烈欲望。客户只要想购买，业务员的产品就值钱；客户要是不想购买，产品再好对客户来说也是废品。

或许有人会说对产品还不熟悉，没有太多关于产品的专业知识，不知道怎样才能塑造出产品的价值。其实，就是因为客户不是很专业，业务员才有机会向他销售产品，否则客户就会从专业方面做出选择，根本不会从业务员的介绍中来了解产品。

如果客户听不懂产品的专业术语，那业务员就要用客户听得懂的语言去介绍产品。要是客户根本没有听懂，没有得到自己想要的价值，那产品的塑造就毫无意义。

在向客户介绍时，能不能让对方听得懂，能不能让客户有感觉，能不能让客户想购买，就看业务员有没有塑造出价值。无论说出来的话多么专业，语言组织得多么好，或者思想理论多么高深，只要客户没听懂，他就不能确定产品的好处是不是真的，也就产生不了想要购买的强烈欲望。

业务员在向客户介绍产品时，更多的是一种信心的传递，同时也是一种情绪的转移。只要业务员把产品价值塑造得足够大，能让客户有物超所值的感觉，他就愿意掏钱了。

要深谙客户消费心理，客户买的其实是种感觉

任何人都有两种需求，一是生理需求，二是心理需求。不管哪一种需求，它的强烈程度其实都无法以量化的方式来衡量。客户判断自身需求的价值大小时，更多的是以潜意识的感觉来判断，是凭借感觉来权衡、判断产品是否值这个价。由于心理需求比生理需求的感觉要强烈，所以满足心

理需求的产品价格就会高得多，而在成交的难易程度上却容易得多。

在跟客户谈单的时候，不少业务员只关注客户的生理需求，却忽略了客户背后更大的心理需求。其实，一旦抓住了客户的心理需求，让客户产生了想要满足的强烈欲望，产品不仅非常容易卖出去，而且还可以卖出高价。

假如只为满足客户的生理需求，市面上一般的产品就可以；要想满足客户的心理需求，更多的客户会倾向于品牌产品，因为销售一个品牌产品意味着客户心理需求的出现。

有一些品牌在市场营销时就抓准了客户的心理需求。例如市场上非常流行的LV包，出门时背着它可以装东西，这是满足了客户的生理需求；另一方面，在某些人看来，LV包象征着一种身份，这就满足了这些客户的心理需求，LV包因此卖出了高价格。

如果只是为了出行方便，买辆普通的车就足够了。可那些购买奔驰车、宝马车的消费者，绝不只是为了满足自己物质层面上的需求，而是想在心理上获得更大的满足。

客户购买了产品以后，有时候会因一些小事投诉，这其实是客户还有更为隐秘的需求，那就是想要获得尊重。当业务员更加尊重或更加在乎他的时候，他可能就不会在乎产品的那点小事了。

要知道，客户把口袋里的钱掏给业务员，他也想获得一种优越感。客户之前辛辛苦苦地挣钱，他是为别人提供一种服务享受，现在他把辛苦挣来的钱花出去，在心理上肯定也想感受一下被服务的优越感，这其实就是人平衡自身心理的正常需求。客户打电话投诉业务员，肯定是业务员挑战了他的心理需求，他便以此来跟业务员相互对抗。

客户身上看不见的需求点，才是客户真正的“伤口”。有经验的业务员都知道，有时候产品到底怎么样其实并不是最重要的，只要客户心里感觉爽了，那事情就好办得多了。

因此，跟客户一个劲儿地讲道理，有时候只会越讲越糟，因为讲道理讲不出客户的心理需求。那些懂得销售的业务员可以在短短的时间里让客户产生出各种感觉，要么是想追求快乐的感觉，要么是要逃避痛苦的感觉。

实战销售

骗子在销售中的技巧

有一个老太太接到了一个诈骗电话，对方谎称是她的儿子，要老太太给他打点钱过去。

在电话中，骗子不停地跟老妇人聊天，由于骗子跟老太太儿子的声音实在太像了，老太太始终不舍得将电话挂断。

骗子说得都口干舌燥了，可老太太还是没有要打钱的意向……

最后，老太太把真相说了出来："其实，我儿子在几年前的一次事故中去世了，但你的声音跟他的太像了，我就想多听一听我儿子的声音，所以才跟你聊这么久。"

骗子听完，沉默了几秒钟，低声说了一句："妈，我先挂了，您保重。"

等骗子挂了电话，老太太老泪纵横。第二天，老太太给对方账号汇了500块钱。

为什么故事中的老太太明知道对方是骗子，最后还是给对方打了500块钱？难道老太太年岁太高，脑袋有些不清楚了？其实不然，这是因为老太太有着极其强烈的心理需求，几年来，她一直都想念着早已死去的儿子，当她潜意识中的感觉越来越强时，她宁愿给骗子汇500块钱，也要满足自己当母亲的需求。当骗子不知不觉中捅到老太太的伤口时，其实骗子的"产品"到底是什么已经不重要了，只需挂电话前的那一声"妈"就足够了。

销售究竟是在卖什么？只是在卖产品吗？如果这样认为，那业务员就已经掉入“产品”的框架中，只是局限于自己拥有什么样的产品就卖什么，更缺少对客户各种需求的深度挖掘。

要做销售，就不要掉入“产品”的框架中，不用太执着于与产品相关的专业知识。要是客户听不懂或听不出感觉来，讲得再专业、再好，都无济于事。只要客户感性层面的感觉出来了，距离成交就不远了。要想让客户在购买上有行动，先要让客户在感觉上能心动。

能让台下人的掌声响起来，这叫演讲；能把台下人的金钱掏出来，这叫销讲。销讲就是站在台上进行一对多销售，是把台下人对产品的感觉调动出来，而不是急着把自己的产品推销出去。

客户最终是否购买产品，更多取决于他的感觉判断，判断这个产品值不值。要是他觉得非常值，感觉自己“赢”了，他就愿意掏钱；要是觉得不值得，感觉自己“输”了，他就不愿意掏钱。

业务员在跟客户谈单时，就是要让客户看到“赢”的那一面，而不能让他产生“输”的感觉。客户“赢”的感觉越强烈，购买产品的速度就会越快。

实战销售

满足客户的心理需求，让客户体验赢的感觉

东莞有一家规模较大的服装厂，由于市场环境不是很好，导致厂里积压了1000多条女裤。整整三年这批库存也没有处理完，老板对此一筹莫展。

后来，老板思考再三，想了个好办法。他给分布在全国各地的100家批发商分别寄去一包女裤，每包装有10条女裤，但他在发货单上只写了8条，而且价格也按8条来计算。

没想到，这批存货寄出去之后，退货的人寥寥无几，女裤几乎都卖出去了，就这样，积压多年的产品成功清仓了。

其实，客户购买产品，买的不仅仅是价值，还是一种感觉。一旦客户产生了感性层面上的感觉，理性层面上对产品的价值需求就不重要了，因为它切合了人在某种心理上的潜在需求。案例中的服装厂老板在处理积压女裤时就让批发商很有感觉，有了一种“赢”的感觉，所以就主动接收了存货。

不少人没事逛街的时候，看到一些打折、促销或赠送的东西就买一大堆，但拿回家后几乎不怎么用，其实他们也是产生了这种“赢”的感觉。他们在决定要购买的那一刻，感觉自己“赢”了不少，觉得如果错过可能就没这么好的机会了，所以他们根本不管自己会不会用到，就想先把心理感觉上的“赢”拿到，因而在不知不觉中就付出了购买产品的代价。

决定客户需不需要的是理性层面的价值，决定客户购不购买的是感性层面的感觉。业务员在向客户销售产品的时候，要努力创造客户购买的感觉冲动，同时也要提供最基本的价值需求，至少要确保产品不是假冒伪劣产品，否则客户因反悔而退货的概率极大。

销售员会讲故事或案例，就是懂得吊客户的胃口

有不少业务员在销售的时候，对产品的一些功能价值并不是很了解，但是他们会给客户绘声绘色地讲一些故事，能够把客户的感觉带动出来，最后在不知不觉中就与客户成交了。

这是因为擅长讲故事的业务员在介绍产品时，尤其是讲述其他客户对该产品的一些体验时，并非以官方刻板的方式去介绍，而是讲得非常有吸引力，因而在情绪上的带入感非常强，在信念层面上容易获得客户的信任。

产品成交有个定律：越是感性的客户，最后越容易成交，因为他不过多思考，只是凭感觉决定买不买；越是理性的客户，最后越难以成交，因为他善于精打细算，权衡各方面的利弊。

要知道，擅长讲故事的业务员所讲的每一个故事都会带有一种强烈的情绪，极容易引起客户情绪上的共鸣，常常在不知不觉中就把客户的感觉讲出来了，让客户在享受故事的同时认可了产品。只要业务员在介绍产品的时候能把客户的感觉给讲出来，让客户渴望获得想要的好处，成交自然就容易多了。

一个人产生行为的推动力究竟来自哪里？就是他潜意识中对未来画面的极度渴望，并且相信未来的画面能够满足他当下的需求。画面越清晰具体，潜意识就越有感觉，产生的行动力就越强。有些人擅长给别人讲梦想，给别人画各种各样的“饼”，不就是这个原理吗？

业务员在跟客户谈单的时候，关于产品的故事越清晰，客户听起来就越有感觉，仿佛自己就是故事中的主人公一样，即便当前还没有购买并使用过，但他似乎已经感受到产品带来的好处了。

一个男生想要一个女生答应嫁给他，就不要讲太多自己过去的故事，而是要给女生创造一个美好的未来。未来的生活越清晰越具体，女生潜意识中的感觉就越强，在人性追求快乐的驱动力下，女生自然就愿意嫁给男生了。

要想让一个客户产生购买行为，就不要讲太多无关的话题，要以讲真实故事的方式介绍产品能给客户带来的好处，讲述的好处越清晰而具体，客户对产品的需求就越强烈，最后成交的可能性就会越大。

实战销售

谁能让客户有感觉，客户就愿意跟谁走

大学里，小张看中了校花，费了不少劲去追，可校花根本不理他。

小张每天坚持给校花发短信，而校花从不搭理他，从不给他回复信息。

小张辛苦地追了很久，却看不到任何希望，他感到非常痛苦，于是准备放弃。

同宿舍的小刘知道后，对小张说："你以前的方法不对，太没有什么新意了。那么老土的方法，别人怎么可能对你有感觉呢？你要是不信，那就看我发一条短信，保证她回信息！"

说罢，小刘掏出自己的手机，编写了一条短信息发给校花："你是咱们学校三大美女之一，但我只喜欢你一个人！"

没想到只过了十秒钟，小刘就收到了校花的回复："另两个是谁？为什么只喜欢我？"

小刘赶紧回了一句："另两个美女是早上的你和中午的你！"

紧接着，小刘趁热打铁，顺势约校花吃饭，并顺利地成了朋友。

小刘在刚开始跟校花接触时，就一针见血地抓住了校花的好奇心，让校花对他的感觉越来越强烈。而小张说是在追校花，可从始至终都是平平淡淡的，校花当然对他不会有兴趣。

在销售中，成交的一个前提就是把客户的感觉带出来，业务员要想办法让客户越来越感兴趣。要是业务员讲出来的故事或正在进行的事情没有吊起客户的胃口，所做的一切都没有效果，那根本就是资源的一种浪费。

判断一个产品的价格到底昂贵还是便宜，并没有一个客观而清晰的标准，更多时候凭借的是一种感觉。谁给人的感觉比较差，人们就不愿相信他能带来想要的好处；谁给人的感觉比较好，人们就愿意选择去他那里购买。至于产品到底怎么样，其实人们也不是非常了解。

拉出客户潜意识中的感觉的最好的一个方式就是讲故事。例如同一个主题或题材的影视片，但为什么看故事片让观众产生的感觉就比看纪录片的感觉要强烈一些？因为故事性一强，那些跌宕起伏的情节和复杂纠缠的情感，时刻都会牵动观众内在的情绪；可纪录片只是把事情的来龙去脉缕一下，整个过程非常简洁、平淡，没有把观众内在的感觉带出来。

实战销售

发明家的营销思维

以前，有一个发明家花费数十年时间开发出一种据说可以替代现在冰箱和空调中的制冷剂的环保产品。由于这款新的环保产品具有垄断性，潜在的消费市场非常庞大。

为了能以最有效的方式推广该产品，发明家在全国各地注册了不少公司，并且创造出一种全新的推销模式，其核心就是以免费更换环保制冷剂的名义，向各大酒店、饭店、机关单位、家庭住户直接推销该产品。

经过一番精心准备和概念化的包装，发明家把这些在市场上做出的大举动以客户案例的方式编成经典的故事，在开拓庞大的消费市场时营造了一个势头，终于使自己的公司在香港创业板成功上市了。

然而，公司上市了一段时间以后，销售遇到了瓶颈，业绩出现了下滑的趋势。发明家经过一番思考、判断，发现以前的故事只在上市前开拓市场时有用，上市后还想雄踞整个消费市场就不管用了。

于是，发明家改变了原来的主意，打起整合制冷行业的旗帜，利用上市后所融到的资金及其他杠杆资金，在全国大量收购国内生产空调、冰箱的中小微企业，瞬间在业内成了一个传奇般的故事，让所有的消费者感觉到这家企业就是牛，进而相信他的产品肯定不会差到哪里去。

几年下来，发明家已不再是单纯的发明家，已是行业内的优秀企业家。

案例中发明家的最大优势并不是发明了一款新产品，而是懂得如何做市场营销。他以传奇般的故事做宣传，把客户潜意识的感觉带了出来，让客户感觉到这款产品非常好，让市场感觉到这家企业很强。

如果发明家只是专注于发明创造，再将发明出的各种专利高价卖掉，无非就是挣到一笔巨款；而他在做市场营销的时候，不仅是把产品专利和营销方式有效地结合起来，而且还变成了一个个令人瞠目结舌的故事，并利用这个故事成功打入市场并取得巨大效益，这样一来，公司的业绩不可能不上升。

发明家对市场上的危机意识尤为强烈，能随时随地转换到另一个框架当中，当公司成功上市要走向品牌化运作时，他意识到原来的故事已经无法再讲下去，马上就产生了一个让市场尤为关注的新的故事。

让客户感到更划算，增加客户购买的意愿

在亘古不变的人性中，自我保护意识是本能的，每个人的潜意识在判断的时候都会选择对自己最有利的行为。当利益出现时，人的潜意识会自动接近利益，并做出对自己利益最佳的行为。

客户在选择购买一件产品时，潜意识会自动进行筛选或者判断：什么样的产品、什么样的价格、什么样的方式、什么样的服务，才能满足自身想要获得的需求。

在整个销售过程中，客户经常会询问产品的功能和好处，或者在价格上跟业务员讨价还价，或者在付款方式上跟业务员精打细算，有时候还会对后续的服务担心不已，其根本原因就是害怕自己在买卖中吃亏，担心自己的切身利益得不到保障。

每一个客户都想买到物美价廉的产品，希望自己在各方面能够“赢”得更多。因此，业务员跟客户谈单的时候就可以抓住客户这种心理上的需求，让客户产生赚了的强烈感觉，最后的成交就会非常容易了。

实战销售

抓住客户想占便宜的心理，让客户快速购买

在美国，有一对兄弟一起做生意，经营着一家并不起眼的货铺，虽然每天的客流量比较大，但真正掏钱购买的客户比较少，店里的业绩有些惨不忍睹。

后来，为了提升店里的营业额，两人商量了一个方法，兄长一般待在里屋不露面，而弟弟在外面照看货物。

每当有顾客挑选货物、询问价格的时候，弟弟就假装不知道商品的具体价格，故意扯着嗓门大声问里屋的哥哥："A 型男士皮鞋多少钱一双？"

"十八英镑。"从里屋传出了兄长报价的声音。

此时，弟弟就装作听错了价格对客户说："十五英镑。"

顾客听到里屋的报价高出不少，顿时就感觉自己占了不少便宜，马上非常爽快地掏出钱来拿货走人。

其实，顾客只是感觉自己买得很划算，哪里知道 A 型号皮鞋的价格本来就是十五英镑。

从此之后，店里的生意越来越好，只要来买东西的顾客，都很爽快地掏钱了。

当业务员向客户介绍产品的时候，价格是一个不可回避的问题。在常规的销售情况下，客户是基于产品的价值来判断价格合不合理，然而价值一般是难以量化的，只有具体的价格才是一个量化的数据。要是没有一个量化数据的对比，客户就很难产生更划算的感觉，购买的意愿自然不会很大。因此要紧扣人性需求中的弱点，寻找成交时新的突破口。

故事中的两兄弟在销售时，彼此间配合得比较默契，让顾客感觉自己占了便宜，而且还担心被老板识破，于是急急忙忙掏钱走人。兄弟俩只是报出的价格不一样，并没有在价格上欺骗顾客，但顾客却非常舒服地掏钱了。

实战销售

价格调整的策略

一家卖电子玩具的专营店购进了两款新的游戏机，两款游戏机在质量和性能上几乎没有区别，只是大小不同而已。

根据商品定价的标准，大游戏机的售价是 150 元，小游戏机的售价是 80 元。然而这两款游戏机每日的销售额并不是很理想。

后来，老板为了让游戏机好卖一点，想了一个小小的策略，销量竟然一下子翻了好几倍。

老板把较小的游戏机的标价从 80 元提高到了 145 元，而较大的游戏机标价仍旧是 150 元。

从那以后，不少客户进到店里一看，一是觉得大的游戏机操作起来舒服很多，二是在价格上只比小的游戏机贵了 5 块钱，都觉得买大的游戏机比较划算，于是大都非常爽快地掏钱购买了。

故事中的商店老板非常有智慧，他就是利用了客户人性上的弱点来实现成交，让客户产生了一种更划算的感觉。

其实，商店老板在给客户创造这种感觉的时候，巧妙地运用了一个转换框架的技巧。产品在原来的框架中似乎不能让客户有更划算的感觉，但是放到另外一个框架中，客户潜意识中的感觉就截然相反了。

在客户固定的原有框架中，只有大游戏机和小游戏机，看不到其他的游戏机。而商店老板只是稍微调整了一下小游戏机的价格，就使客户瞬间掉进另一个框架当中，发现买大游戏机在各方面都太划算了。

只要客户进入了更划算的框架之后，往往就不会考虑其他框架中的资源了。客户是不是真的占到了便宜，其实已经变得不那么重要了，重要的是客户相信了这种感觉。客户就是在这种感性层面的感觉推动下，自然而然地产生了购买的行为。

实战销售

抓住客户的潜意识，让客户不得不购买

有一家咖啡馆，业绩总不是很好，尽管老板采用了各种各样的促销方法，仍然收效甚微。

后来，为了扭转业绩持续下滑的局面，咖啡馆的老板想出了一个新方法，结果不到两个月工夫，销量就翻了几倍。

说到老板的新办法，其实他既没有在外面拉客户，也没有投入高昂的广告费，他只是在收银台前立了个告示板，上面写着："一杯咖啡 2 欧元，如果您说'请给我一杯咖啡'，一杯咖啡 1.8 欧元。"

进店后的客户一看只要多说个"请"字，每杯咖啡就可以便宜 0.2 欧元，马上就非常痛快地掏钱购买了。

此举不仅使得单个客户喝咖啡的量增多了，而且在老客户的转介绍下，店里每天都会增加不少新客户。

咖啡馆老板只是用了一个小方法，就把咖啡多卖出去了一倍。

案例中咖啡馆老板的营销智慧的确高人一筹，表面上他是在引导客户使用文明语言，实际上他是巧妙地运用了心理学上的一个小技巧，既不会让客户轻易地觉察出来，同时让客户在不知不觉中就主动掏钱买单了。

或许人们只是去咖啡馆休息一下，可能没想过要点一杯咖啡，或者根

本就不会去想那么多，当他们发现只要在购买时多说一个“请”字，不需要他们付出任何成本，就可以赚到0.2欧元的便宜，这在某种程度上满足了他们的心理需求，他们自然会下单了。

就这样，咖啡馆老板通过引导人们使用文明用语的方式，以潜意识方式引导客户消费。他不仅把自己销售咖啡的目的隐藏起来，成功地绕过了客户善于思考的意识层面，还悄无声息地把客户放到了“更划算”的框架里，不断勾起了客户想要购买的强烈欲望。

紧扣客户的好奇心，让客户感兴趣

介绍产品的目的就是基于客户的需求，让客户对产品产生浓厚的兴趣或感觉。客户要是对产品不感兴趣，产品不能激发出客户购买的欲望，那么无论介绍得多么具体，对销售而言都无济于事。

在人性本能的价值需求中，好奇心占据了不少比例，并且还能以最有效的速度推动人们对新事物的了解与探索。只要业务员能抓住客户的好奇心，客户几乎就可以被业务员牵着鼻子走，会在冥冥中顺着业务员的思路前行，甚至还能与业务员在不知不觉中成交。

业务员在向客户介绍产品时，要充分利用客户的好奇心，让客户对产品主动产生兴趣，增强客户购买的欲望，这样不仅不会陷入讨价还价的被动局面，而且还能以最快的速度与客户成交。

不少业务员在销售时，只是在努力发现客户明显的需求点，但没有挖掘客户潜在的需求点。而利用客户的好奇心可以把客户潜在的需求挖掘出来，同时还可以不断地放大客户对产品的需求意愿度。

在客户对产品还没有产生兴趣前，业务员要是以强硬的方式向客户逼单，最容易引起客户的强烈抗拒，反而还增加了成交的总成本。谁能精准地抓住客户的好奇心，谁就能轻而易举地与客户成交。

实战销售

正因为人有好奇心，才可以欲擒故纵

有一对父母非常希望女儿能把电子琴学好，可女儿对电子琴一点也没有兴趣。

为此，母亲想出一个自己认为不错的办法。于是她买了一台高级电子琴，并把它摆放在自己的房间里，其他人要是喜欢，都可以去弹奏一曲，但她就是不允许女儿去动它，因为女儿说过对电子琴不感兴趣。

过了一段时间，女儿有点控制不住了，她去询问母亲："妈妈，您这不是给我买的电子琴吗？怎么还不让我动它呢？"

为了激起孩子的好奇心，母亲假装有点不耐烦地回答："这台电子琴又新又贵，还是最高档的。你又不喜欢学电子琴，万一弄坏了怎么办？"

孩子有点儿不服气，骄傲地说："哼，这有什么呀。"

后来，女儿经常趁妈妈不在家的时候偷偷地跑到妈妈的房间里弹琴，她的好奇心便慢慢产生了。为了满足自己这种心理上的需求，她便开始接触电子琴了。

等到真正接触了电子琴，她感觉电子琴确实不错，美妙的音乐能给人一种听觉上的享受。从此，女儿对电子琴越来越感兴趣，根本就不用母亲一再催促，每天都认真地学习弹奏电子琴。

母亲在把电子琴"销售"给女儿的过程中，最成功的一点就是善于引导出女儿的需求。她并没有强行要求女儿去学习，而是利用女儿极其强烈的好奇心，让她先对电子琴产生浓烈的兴趣，最终让女儿主动喜欢上了电子琴。

其实，只要把握住人性需求的特点，与客户成交并没有想象中那么难。比如案例中的母亲想让女儿学习电子琴，但女儿并没有想学电子琴的明显需求，但母亲紧扣住了女儿好奇的心理，女儿的需求“伤口”就慢慢出现了。或许客户本来没有购买的打算，但业务员在介绍产品时抓住了客户的好奇心，使得客户对产品越来越感兴趣，其实这时已经出现了隐形需求。

每逢过年过节，老板经常会送一些礼物给员工。其实最让员工兴奋的并不是礼物本身，而是打开礼物盒那一瞬间的心理感受，因为所有人都非常好奇盒子里面装的会是什么。

在销售时，要是业务员还没有发现客户的需求点，那就要想办法让客户对业务员或产品产生好奇。一旦激发出客户的好奇心，就会把客户的焦点吸引过来，开始关注业务员手中的产品，这样，自然就会达到事半功倍的效果。

实战销售

皇冠牌香烟的崛起之战

皇冠牌香烟之前在进军西欧市场的时候，遭遇到来自市场各方面的巨大阻力，并遭到其他品牌香烟的顽强抵抗，皇冠香烟公司使出了浑身解数，始终无法跻身市场。

一天，皇冠香烟公司的一个营销人员在外出差，看到海滨浴场有许多禁止吸烟的广告牌，他深受启发，在皇冠香烟的市场推广方面也有了初步的想法。

回到公司后，他想出了一条妙计。他建议公司在各个旅游景点和公共场所都张贴一张公益广告：吸烟有害健康，此地禁止吸烟，“皇冠”也不例外。

这一条没有任何夸耀之词的简单的广告，刚一投放市场就引起了不少人的好奇，人们议论纷纷："为什么市面上有这么多品牌的香烟，广告牌上还特别指出了皇冠牌香烟？难道皇冠牌香烟和其他品牌的香烟不一样吗？是味道更强烈，还是比较名贵？"

在好奇心的强烈驱使下，无数"烟民"纷纷去购买皇冠牌香烟，他们就想知道皇冠牌香烟究竟如何。就这样，皇冠牌香烟在当地一炮打响，成了当地销量空前的畅销货。

产品能吸引多少人的关注，就可以抢占多大的消费市场。那么靠什么才能吸引消费者的眼球？不少人以为是靠产品的质量或者产品给客户带来的价值，其实并不一定如此，某一个亮点或话题也可以引起消费者强烈的好奇心。

为什么有些人能"火"起来，一下子就成了"网红"，从"屌丝"逆袭成名人？就是因为营销做得不错，它充分利用了人们的各种好奇心理，吸引许多人都去关注这一个人。

至于产品的质量或者价值，其实关乎产品的持久性，即产品能否稳定地抢占消费市场。如果产品的质量不行或者价值不高，营销和销售上做得再好，也不可能让客户后续买单的。就像一下子"火"起来的名人，如果各方面都没有真正的才华，要演技没演技，要本事没本事，那他根本不可能长久地火下去，很快就会消失在人群中。

那么，业务员在介绍产品的时候，如何才能引起客户的好奇心，让客户对产品越来越感兴趣，从而增加购买的意愿度？这个问题具体可以从两个方面入手，从不同的点切入进去，把握客户内在的好奇心。

一、制造神秘

为什么在智能手机领域中，无论是苹果公司新款手机的推出，还是华为、小米公司新款手机的上市，都使无数消费者产生了神秘的感觉？因为各个公司都以各种神秘的方式大肆宣传，激起了无数人想要一睹其究竟的好奇心。

好奇心是促使人们探索未知领域的驱动力，因而业务员在介绍产品时一定要保留足够的神秘感，让客户有迫不及待想要弄清楚或者想去体验的冲动。要是客户没有产生想消费的冲动，说明产品还没有激起他足够的好奇心。

二、留下悬念

一家饮食店的门口摆放着一个大酒桶，上面写着“不许偷看”四个字，而酒桶又是无遮无掩的。不少路过的人禁不住好奇心的驱使，都会停下脚步想看看酒桶里面到底怎么个情况。

没想到，酒桶里面又有一张纸条，上面赫然写着：“本店有与众不同、清纯芳香的生啤酒，一杯五元，请享用。”这些好奇的客人中有 80%的人想品尝一下，于是就到店里喝啤酒去了。

其实，“不许偷看”四个字就是饮食店设置出来的一个悬念，利用人们的好奇心把大街上的路人吸引过来，而酒桶里面的字条起着促进成交的作用。

介绍产品就要在客户的需求“伤口”上撒盐

话不在多，而在于精。

一些业务员在向客户介绍产品时，认为介绍得越详细越具体，客户购买的意愿就越强烈，结果长篇大论地说了一大堆废话，反而让客户极为反感。

客户要是没有感觉到痛，就不会轻易地掏钱买单。产品介绍就是一个挖痛点或者“撕伤口”的过程，痛点挖得越准，或者伤口“撕”得越大，客户想要购买的需求就会越大。当客户“痛”得难以承受时，就会主动投降购买产品了。

介绍产品的话语一定要有杀伤力，要以最简洁、精练的几句话，一针见血地刺到客户的需求伤口，把客户隐藏在心底的“痛”挖出来。在客户需求“伤口”上撒的盐越多，客户需求脆弱的一面就越容易暴露出来，一旦知道了业务员手上有他想要的“药物”，他就会主动求业务员卖给他。

为什么现在人们结婚时几乎都要戴钻戒呢？其实钻石并不是爱情最原始的元素，它之所以成为许多人结婚的必需品，源于一个非常有智慧的营销。

实战销售

钻石恒久远，一颗永流传

20 世纪 30 年代后期，整个钻石市场上价格急剧下降，大多店铺面临关门倒闭的危险。1938 年，戴比尔斯已万般无奈，他向广告公司寻求援助，希望广告公司能帮他扭转行业颓势。

在广告公司的精心策划下，1939 年，戴比尔斯的公司以各种广告横扫大街小巷，推出了经典广告语“钻石恒久远，一颗永流传”(A diamond is forever)，并一举成名，将钻石包装成了全世界几乎所有婚礼上的必备品。

营销就是紧扣客户的需求，一对多地介绍产品优势。客户的需求点抓得越精准，需求的“伤口”撕得越大，营销的市场效果就会越好。

上述案例中的广告公司在策划整个营销方案时，就是抓住了人们认为爱情保鲜期短这个需求点，在爱情脆弱的“伤口”上不断“撕”，从而使人们认识到需要用一颗可以永久流传的钻石来使爱情保鲜，以此象征人类对美好爱情的无限向往。但在塑造美好爱情之前，一定要有“撕伤口”的重要环节，就是让人们看到现实爱情的脆弱。一旦客户相信钻石象征着爱情，就会产生极其强烈的心理需求，这时钻石就成为彼此间甜蜜爱情的一种象征元素，钻石的价值瞬间被提升至无价。

实战销售

踩一棵，挂一科

我以前在湘潭大学读书时，常常去图书馆学习，图书馆外有一块草坪，很多同学为了抄近道总是从草坪中间穿过，结果草坪上就被踩出了一条路。

图书馆老师为了杜绝这种不良现象，就在草坪边上立了一个牌子，上面写着："绿草茵茵，踏之何忍。"然而效果并不是很明显，还是有很多人抄近道。等到快要期末考试的时候，踩草坪的人更多了。

后来，我仔细想了一则广告语，并且跟图书馆的老师说："只要把这个写在告示牌上，保证不会有同学抄近道踩草坪了。"

图书馆老师半信半疑地换掉了以前的告示牌，没想到，从此真的没有人踩草坪了。其实，那个告示牌上只写了六个字："踩一棵，挂一科。"

不少业务员在介绍产品的时候，磨磨唧唧地说了不少，结果却是费力不讨好。好的广告语究竟什么样？好的广告语就是能够一针见血地直击客户的"伤口"，并进入客户的潜意识中，而不是语言文字多么优美或漂亮。

业务员在介绍产品时，怎样才能直击客户的"伤口"？那就是找到客户的价值需求，即客户最在意的东西。例如客户最关注的是想要的好处，那就直接把好处摆出来；或者客户最害怕失去什么，那就把"伤口"撕得再大一点。

就像上边案例中的那句广告语一样，学生最在意的就是考试，就怕考试不及格挂科，因为一旦挂科就要费心重考，这个结果跟道德层面上的不忍心踩小草根本不同。

不少业务员在介绍产品时经常会犯这个毛病，要么说一大堆专业术语，要么只追求语言多么华丽，结果客户那里一点感觉都没有。要记住，好的销售一定是事半功倍，而差的销售一定是事倍功半。

不懂得在客户的需求“伤口”上撒盐，客户想要购买的需求和欲望就是有限的。只有一针见血地撕开需求的“伤口”，往客户的“伤口”上狠狠地撒一把盐，客户产生了切肤之痛，就愿意掏钱购买了。

什么是“撕伤口”时需要撒的盐？就是介绍产品时的语言或者营销中的广告语能一语中的地征服客户。

实战销售

广告就是要在“伤口”上撒盐

看看下面这些产品的广告是用什么“盐”撒在“伤口”上的。

内衣广告：与其怨天尤人，不如挺胸做人。

福利彩票：我给大家讲个故事，从前有一位屌丝，进来买张刮刮乐，出去就变成了高富帅。至于你信不信，那是你的事，反正我是信了。

中国建筑：亲爱的工友们，在外打工一定要注意安全，一旦发生事故，别人就会睡你媳妇、打你孩子，还花你的抚恤金。

要找到证明产品好的证据，证据越多越容易成交

为什么成交前客户不愿意掏钱买单？为什么业务员好说歹说、口干舌燥，客户就是下不了决心，成交变成了持久战？难道是客户没有需求吗？不是。根源绝不在于客户没有任何需求，否则客户就不会花费时间来了解产品。

最终决定客户会不会购买的核心，就在于业务员有没有取得客户的信任。要是客户不相信产品能带给他想要的好处，那他决不会掏钱签单；只要客户相信这个产品能带给他想要的好处，那他自然就会主动掏钱。

怎么样才能取得客户的信任？就是业务员在向客户介绍产品时，要让客户看到他想要的好处。因为客户的思维很多时候是惰性的，对于产品所能带来的好处，不一定会用逻辑推理去判断是否可以得到，只需要业务员把结果直接呈现给他。

其实在整个销售过程中，客户就相当于审判的法官，决定他购不购买的重点是看证据，卖产品就是在卖关于产品的好的证据。要是证据不足，客户就不相信；要是证据充分，客户就相信。一个懂得如何做销售的人，一定会根据客户的不同需求提炼出产品的各种卖点，并提供各种证据来辅证。对一个陌生客户而言，产品或者服务的好处到底是不是真的，在销售的时候其实并不是很重要，关键是看能不能提供足够有说服力的证据，让客户相信产品或者服务能带来他想要的好处。就好比判断一个人是否犯了罪，不在于人们怎么说，而在于能否提供真实的证据来证明，如果拿不出确凿的证据，好人也可能被冤死。同理，公司在销售产品或服务时，要是业务员拿不出让客户足以信服的证据，那再好的产品或服务都可能打不开市场。

只要业务员拿出来的证据能取得客户的信任，客户相信产品或服务能带给他想要的好处，那业务员就容易与客户成交。至于这些好处到底是不

是真的，只有客户购买并消费后才知道。假如产品或服务的好处是真的，那么回头客或转介绍就产生了。

客户愿意为产品掏多少钱，并不在于产品本身值多少，而是客户觉得产品值多少。只要能拿出足够多的证据证明产品值多少钱，并能证明这个产品的价值能够翻番，那客户就愿意多付出一倍的价钱。

一个懂得销售的业务员，知道要为客户提供能够证明产品价值的证据。产品的好处不等于价格，但等于产品给客户的价值；产品的证据就等于价格，但跟价值没有必然的联系。业务员要根据产品的好处寻找客户，根据产品的证据与客户成交。

实战销售

帮客户找到产品好的证据

有一家饭店的拿手好菜是鲱鱼，它的味道让人赞不绝口。同时，为了适应更多顾客的口味，饭店还研制出各种不同的做法，油炸、酱制、椒炒都非常有特色。

然而，虽然鲱鱼是店里的一道特色菜，但销量却不是很好，不少进来吃饭的新顾客并不怎么点鲱鱼这道菜。

饭店老板为此极为困扰，为什么顾客在点菜时都不选择如此好吃的鲱鱼呢？

一天，当地著名作家密尔顿来店里吃饭。老板灵机一动，结账的时候对密尔顿说："只要您在墙上给我写一行字，您今天这顿饭钱就全免了。"

没过多久，来吃鲱鱼的人一天比一天多了起来，有时候甚至还得提前预约，否则根本吃不到这道菜。

每个来店里吃饭的人都能看到墙上的一行大字：

> 最挑剔的人，对这儿的鲱鱼也无可指责。
>
> ——密尔顿

不少人都会进入一个思维误区，认为只要是好的产品，进入市场就一定能火起来，尤其一个刚研发出来的新产品，更是如此。其实，所谓“好酒不怕巷子深”，那是物质稀缺年代才发生的事，在科技高速发展的今天，好酒还真怕巷子太深了，以致从始至终无人问津。

案例中的饭店老板认为鲱鱼好吃，相信不少顾客点菜时肯定会选择它，却没想到没有几个新顾客会选这道菜。因为新顾客都是第一次来吃饭，并不确定这道菜就一定好吃，他们在信念层面就没有完全相信。

无论产品有再多或再大的好处，只要不能完全令客户相信，那一切好处或价值都为零。营销和销售要解决的关键问题，就是让客户相信产品的好处是真的，并能拿出有足够说服力的证据。

饭店老板也想找到证明鲱鱼好吃的证据，但他没有投入大量资金找媒体宣传，而是把作家、名人给予人们的信赖感嫁接了过来，为自己店里的鲱鱼找到了强有力的证明，店里的这道特色菜因此一下子卖火了。

业务员能给客户提供多少证据，客户就愿意掏多少钱出来。客户想要什么样的证据或者相信哪个人说的话，那业务员就要尽力提供什么样的证据或者找那个人来证明。

只要客户还有选择，产品就难卖出高价

很多业务员对销售存在着一个巨大的困惑，那就是自己所销售的产品很好，既能满足客户的需求，也能提供足够的证据，但就是卖不出高价。甚至产品的质量非常好，投入的成本也很高，可还是卖不出高价格。而且有时候别人只卖一个产品就相当于自己卖好几个产品，因为别人出售的价

格要高一些。

只要业务员的产品不具备唯一性，那么客户对产品就还有其他选择，在客户的选择框架中，这个产品就没有做到垄断。只要客户还有其他选择，业务员就会越来越被动，不仅最后难以与客户成交，若客户讨价还价，还可能把价格压得很低。

为什么两个人分手的时候，通常一方非常痛苦，而另一方可能只痛苦一下就没事了？这是因为两人分手以后，一方沉浸在痛苦之中无法自拔，没有其他选择；而另一方还有其他更好的选择，所以很快就跳出了痛苦的框架。

什么行业有暴利？就是具有唯一性的垄断行业，就是客户只在一处可以买到，在其他地方根本没有选择。当一个产品能够满足客户的需求，或者能够解决客户当下的“痛苦”，这个产品才具备一本万利的利润空间。

物以稀为贵，这就是唯一性。在有限的选择框架中只有一种选择，那这个产品就珍贵了。钻石或黄金为什么贵重？因为这些资源比较稀缺。要是钻石和金子比石头还多，那绝对不会是现在的价格。

实战销售

物以稀为贵，供求影响价格

一个印度的生意人拿着三幅名家字画，到美国去出售。

印度商人出价30万美元，少一分钱都不卖。而美国商人看了字画后，还出20万美元的价格，多一分钱都不出。

结果，两个人一直讨价还价，导致买卖陷入僵局。一气之下，印度商人竟然掏出打火机，接连烧掉了两幅字画。

当印度商人准备烧最后一幅画时，美国商人终于痛心疾首地制止了，最终，他不得不听从印度商人的报价，以150万美元的高价买走了最后一幅画。

有价值的产品不一定能卖出高价，只有放在有限的选择框架中，才有机会卖出高价。阳光、空气以及水，对人来说都是价值非凡，每个人都不可能离开它们，但它们能卖出高价吗？

如果业务员的产品不具备唯一性，或者没有给客户塑造出唯一性的感觉，那么相较于市场上的竞争对手，只能越来越被动地血拼价格了。

即便产品不唯一，但业务员在介绍产品的时候，把客户放到一个框架中，让客户没有了其他选择，那么就不会在价格上吃亏，否则利润空间只会越来越小。

客户在购买产品时更愿意为唯一性的东西买单。即便明知道价格高出了很多倍，但客户也愿意为唯一性的产品掏钱。

就像上述案例中的美国商人，看到原来的三幅作品最后只剩下一幅，已经没有其他选择，因此即便花上高出几倍的钱，他也愿意掏钱买下来。

客户没完没了地砍价，是因为他还有其他选择。如果不想被客户拒绝，业务员就要保持自己的唯一性，这就是卖出高价的理由。

假如产品在各方面都不具备唯一性，那么业务员在介绍产品时就要改变客户的框架，或者想办法把竞争对手踢出客户的框架，让客户在购买产品的时候没有其他选择。

客户的框架越大，选择的资源越多，业务员就会越被动。市面上没有严重同质化的产品，只有找不到差异化需求的销售。只要不断缩小客户背后所处的框架，任何产品都可以变成唯一性的产品。

实战销售

怎样才能卖出高价来

一瓶普通的矿泉水能卖出5块钱，已经非常了不起了。然而，怎么样才能卖出高价来？在什么框架中就具备唯一性？

假设时间是烈日炎炎的中午，地点是一望无际的沙漠，人物是亚洲首富李嘉诚。要是不买水喝，不管是谁都会渴死，这种情况下，一瓶随处可见的矿泉水怎能卖不出高价来？

任何产品，只要放在特定的时间、空间及角度中，就一定可以具备能卖出高价的唯一性。

向客户介绍产品时，业务员只要改变了客户背后的框架，让自己的产品具备了唯一性，就不用担心客户讨价还价，更不用担心客户不会购买。

实战销售

转换背后的框架，让产品没有选择

曾经有一个水果店，因为工作人员不慎，使得存储水果的仓库着了火，结果，160 箱香蕉全部被烤成了土黄色，表面还有了一些小黑点。不过，这些香蕉虽然被大火烧过，但一点都没有变质，口味反而非常独特。

为了处理掉这批香蕉，老板决定降价销售，价格从原来的每磅 4 美分降到 2 美分。可是路过的客户一看到香蕉的颜色，几乎全都摇摇头就走开了。

后来，有人给老板出了一个主意，并保证香蕉绝对好卖。

第二天，老板在水果摊上立了一个小牌子，上面清晰地写了一行字：热带“烤香蕉”，只此一家，数量有限。

结果，不到两个小时，160 箱香蕉被抢购一空。

为什么销售同一款产品，有些人可以卖出高价格，而有些人却只能血拼价格战？为什么有的人的产品会被抢购一空，而有的人的产品却无人问津呢？

因为有的业务员在介绍产品的时候，会从不同方面塑造产品的价值，并且让价值保持了唯一性。只要把产品的好处或者卖点放在一个特定的框架当中，就让客户没有了其他选择，产品自然就炙手可热了。

故事中被烧过的香蕉就是因为转换了框架，最后被抢购一空。老板把烤焦的香蕉转换到另外一个框架中，就变成了“热带烤香蕉”，而且还特别注明“仅此一家”，产品唯一性的卖点就出来了。

介绍时没有对比，产品就没有价值

在向客户介绍产品时，业务员一定要把握一个销售技巧，那就是学会对比同类产品，突出自己产品的独特卖点。只有通过相互对比，才可以让客户判断出哪个产品更划算。

要知道，客户在选择购买时经常会做出的一个举动就是货比三家，从产品的各个方面进行对比，再选择出最好的一款购买。因此业务员在介绍产品的时候，就要进入客户的思维中，帮助客户进行对比并做出筛选。

一个员工判断自己在公司能力的标准，就是从横向上跟同事的工资待遇对比。要是自己的工资待遇比别人高，内心就会有一种自我认同的价值感；要是自己的工资待遇比别人低，内心就会对自己的价值产生怀疑。他究竟有多大的价值，其实他自己也不清楚，只有借助对比的方式，才会有一个可触及的标准。

其实，客户对产品价值的认知也不是很清楚，这个价格到底值不值，客户也没有清晰的概念，只要找到一个参照物，他就会形成一个最直观的判断，最终才决定是否掏钱购买。

一旦了解了客户固有的思维方式，业务员在介绍产品的时候就能有的放矢，在客户需求这一点上推动客户产生购买的行为。

实战销售

销售鸡蛋的技巧

摩根在经商道路上艰苦打拼，最终成了一个大富豪。其实他年轻的时候只是一个穷光蛋。

后来，为一家人的生计所迫，他和妻子决定做点小生意，便开了一个杂货店卖鸡蛋。然而在摩根卖鸡蛋的时候，经常会听到客户的各种抱怨，说他卖出的鸡蛋有点小，生意因此变得越来越差。

摩根意识到了客户的问题后，经过一段时间的留心观察，他分析并总结出了客观原因。第二天，摩根做了一个新的决定，让他的妻子出来卖鸡蛋。

结果，效果不同凡响。慢慢地，他的生意起死回生了，客户不仅不会觉得店里的鸡蛋小，对摩根的印象和态度也大有改观。

为什么同样大小的鸡蛋，摩根卖就有人觉得太小，而妻子卖就没人抱怨呢？

这是因为，摩根的手又大又粗，鸡蛋放在他手里明显就显得有些小；然而把同样的一个鸡蛋放在女人纤细的手里，就让客户产生了一种视觉上的错觉，认为鸡蛋比原来的大了。

同样的一个鸡蛋，只因握在两个大小完全不同的手中，就给客户在视觉上形成截然相反的判断，毫无疑问，这当然会影响到客户最终的购买行为。摩根在销售的时候只是通过一个简单的对比，不仅消除了客户对店里鸡蛋太小的抱怨，而且还让店里的生意很快好了起来。

要是不了解客户的这种思维，那么业务员根本就找不出问题存在的根源，还真以为像客户所说的那样，结果只会在鸡蛋的大小方面去琢磨，永远都消除不了客户对产品的抱怨。

有时候，只需要一个小小的销售策略，就会轻易地改变客户对产品的判断。

实战销售

巧妙对比产品的质量

曾经有一个推销员，当着一大批客户的面，激情饱满地推销一种摔不碎的钢化玻璃酒杯。他一边向客户介绍产品，一边拿着酒杯做示范。

然而，令人没有想到的是，他恰巧拿到一个质量不过关的杯子，当他自信满满地把手中的酒杯用力一摔后，钢化玻璃酒杯瞬间碎了一地。

现场的客户看到这一幕，纷纷笑得合不拢嘴。

这猝不及防的意外令推销员先是一愣，随后他灵机一动，指着地上破碎的玻璃碴儿，冷静而幽默地说："你们看，像这样一摔就碎的酒杯，我是绝对不会卖给你们的。"

推销员这一番机智的话语又引起一阵哄堂大笑。可之前客户的笑更多的是对产品的怀疑与嘲讽，而这一次却是充满了对推销员的赞赏。

紧接着，推销员随手又拿出一个新的酒杯，重复刚才的动作用力一摔。这回，杯子完好无损地在地上打了几个滚，丝毫没有摔过或摔坏的迹象。

推销员不慌不忙地弯下身子，捡起地上的玻璃酒杯说："你们看，这样的杯子才是摔不碎的钢化玻璃酒杯，相比于刚才那种一摔就碎的酒杯，你们认为哪种酒杯的质量更好一些呢？"

案例中的推销员在介绍产品的时候，不仅巧妙而机智地化解了尴尬，而且还通过前后两次示范对比，让客户对产品的质量有了正面的判断。客户只有看到了前面碎了一地的玻璃碴儿，才会觉得后面摔了后还完好无损的酒杯更好。

要是在介绍产品时没有截然相反的对比示范，那么就不足以让客户达到啧啧称赞的高度。只有达到两者对比之后具有极大反差的效果，才会迎合客户懒得思考的惰性思维，从而判断出哪个产品的质量过硬。

实战销售

菜贩的销售策略

一天，一个人到菜市场去买菜，见到一个菜摊前摆了两堆菜。

这个人指着一边的菜向老板询问道："老板，这边的菜多少钱一斤？"

老板说："1块钱一斤。"

这个人指着另一边的菜，又问："那这边的菜呢？"

老板说："1块5一斤。"

顾客仔细看了看两边的菜，似乎没有什么明显的区别，便好奇地询问："为什么价钱不一样？"

老板说："没什么，就是那边的菜好一些。"

顾客毫不犹豫地选择了1块5一斤的菜。

等到客户提着菜走了，老板又迅速把1块钱一斤的菜分成了两堆，结果，1块5一斤的菜很快又卖完了。

其实这就是销售技巧，通过两者间的对比来塑造产品的价值。故事中的两堆菜并没有什么区别，但通过老板简单的介绍，就让客户觉得另一堆更好些，这个菜的价值感马上就塑造出来了。

要是产品的价值没有被塑造出来，客户是不会轻易掏钱购买的。

价值不够，价格不报

很多业务员身上都有一个大问题，就是不知道如何向客户报价。

客户究竟是根据产品的价值需求判断产品到底要不要，还是根据产品的价格高低判断产品到底值不值？任何一个环节没有把握好，都有可能让正在洽谈的订单流产。

有些客户更加让人难以琢磨，他们还没有具体地了解产品，一见面就开门见山地问产品价格，这让无数业务员顿时不知所措，不知道要不要把价格如实报出来，或者担心客户是不是来套价格的。

在客户还没有具体地了解产品前，业务员最好先不要心急火燎地把价格报出来，因为绝大多数情况下，客户的确是来套价格的，最终并不一定会购买产品。很多情况是客户从竞争对手那里已经详细了解了产品，但从产品的价格上还在考虑到底值不值，所以就想着套出价格来货比三家。

实战销售

盲目报价的后果

有一个男生在追一个女同学，可整个状况并不是很妙。因为以后可能要面对结婚的事，两个人的关系变得很微妙。

两个人相处了没多久，女同学就有些沉不住气了，给男生下了最后通牒："要是没有奥迪 A6 和两层楼的别墅，你以后就别来烦我了。"

男生听了苦笑不堪，一时间无言以对。他回到家跟父母亲商量此事，想征求一下父母的具体意见。

父亲抽了一根烟，叹了一口气说道："唉，车子倒还好办一点，只要把咱们家的劳斯莱斯卖了，估计买几辆奥迪都不成问题。关键是这两层楼的别墅，还真有点儿不太好办，咱总不能把咱家这五层的楼硬生生地扒掉三层吧？这也太浪费了。依爸的意思，你和她还是算了吧，没有必要为了追她，弄得咱们家还得拆房子。"

报价是产品介绍中的最后一个环节，没到这个"火候"，不能轻易报价。在根本还不了解对方的情况下随随便便乱报价，会带来严重的后果。

案例中的女同学就是这样，在完全不了解男生的情况下，迫不及待地把自己的底盘和盘托出，结果在节骨眼上栽了个大跟头。若她日后了解了男生的实际情况，再回过头看自己最后下的通牒，想必肠子都要悔青了。

不少业务员在销售时都有一个难以理解的困惑：为什么给客户报了价后，客户就没有任何回应了，甚至连价格都不还一下？在客户询问具体价格时，到底该不该给客户报价？

业务员通常急于成交，想把价格报给客户，那么真的了解客户吗？知道客户想要什么或想解决什么问题吗？客户是否有购买力呢？……这些统统都还不了解就把价格报出去了，这有什么用呢？

业务员千万别以为只要自己报了价，客户马上就会掏钱。销售过程中任何一个环节没有把握好，客户口袋里的钱就有可能掏给别人。报价更低的商家多得去了，客户凭什么只买一家的？

实战销售

卖不出白菜价的名画

一天，齐白石在路上闲逛，遇到一个卖白菜的小贩。

他询问小贩："这一车白菜卖多少钱?"

菜贩回答："30元。"

齐白石又问道："我用我这幅画的白菜换你一车的白菜，行不行?"

菜贩一听急了，非常气愤地说道："你这老头脑子没生病吧？你当我是傻子吗？想拿你的假白菜来换我的真白菜，你想得倒挺美的!"

说罢，菜贩推起小车走了。

在客户还没有了解产品的价值前，或者客户还没产生需求前，业务员所报出来的任何价格都是高的。只有在介绍产品的时候，把客户的痛点挖出来了，让客户有了购买的欲望，这时的报价才最有效果。

其实，给客户报价值和报价格，两者有着本质上的区别。给客户报出想要获得的价值，对客户来说相当于给他快乐，因为这让他看到了可以拿到的好处；给客户报出需要付出的价格，对客户来说相当于给他痛苦，因为这是让他往外掏钱。

要是产品的价值没有塑造好，没有在客户需求的"伤口"上撒盐，客户就会感觉报价贵了，觉得产品根本不值这个价。因此，即便一幅货真价实的名画，在小贩面前也卖不出白菜价。

在报价值的时候能让客户看到可以得到多大的好处，那么在报价格的时候客户就愿意掏出多少的钱来购买。当业务员将产品的价值塑造得足够大时，客户根本不会在产品的价格上讨价还价。

任何一次商业性质的谈判，其本质并不是客户想要压下多少价，而是客户想要寻找出底价在哪里。在销售中，当走到报价格这一环节时，业务员不要试图一味地用降价来满足客户，而是要在价值上塑造出客户能认可的底价。一旦客户认可了业务员塑造出的价值，就不太会计较价格了。

既然报价格如此重要，那究竟怎么报价或以什么样的方式来报价，才可以达到客户心目中的底价，能让客户最后欣然地接受？

实战销售

报价就要让客户的心理平衡

汉森是美国一名著名的汽车销售员。他以前是一个数学老师，几乎没有去过超市。

一次，汉森的妻子生病了，实在没办法，汉森只得去超市买菜。在去超市的路上，他看到一个卖马铃薯的菜农。

汉森走过去，向菜农询问道："马铃薯一磅多少钱？"

菜农说："仍是老价钱，一美金一磅。"

汉森听完，感觉价格并没有涨，心想，不如就在这儿买了吧。于是，汉森买了20磅马铃薯回到家。可是他一问妻子才知道，自己买的马铃薯可比超市贵多了。

汉森仔细回想了一下，静下心来分析说："在当时，我朦胧地意识到马铃薯仍是老价钱，就觉得跟超市没有太大变化，而更为稀奇的一点是与菜农成交的时候，我竟然一点也不觉得贵。"

其实，这就是一种非常有效的报价方式，不是用理性层面的某一个具体数字来报价格，而是以"仍是老价钱"拖出客户可以接受的底价，让客户感觉到在其他地方买也是同样的价格，这就能够让客户轻松地接受价格了。

报价一定要让客户感到物超所值，要巧妙规避客户觉得价格太贵而可能产生的抗拒。

第五章　潜意识的信念：如何瞬间取得客户的信任

没有谁能说服客户，只有客户才能说服他自己

发现了没有，任何事都需要说服力。销售是一种说服力，需要说服客户掏钱；管理是一种说服力，需要说服员工执行；恋爱是一种说服力，需要说服对方相爱；教育是一种说服力，需要说服孩子学习……

每一个人都想改变别人，或者在思维观念上说服别人，甚至直接把观念强加给别人：你这样想不对，你这样做不对，你应该怎样……其实这样根本说服不了谁，既不能改变公司里的员工，也不能改变市场上的客户，更改变不了家里的亲人，相反，这样还会引起别人的抗拒，甚至导致彼此关系紧张。

要知道，说服力并不是学点儿说话的技巧，也不是逞一时的口舌之快，而是要进入对方的思想中，以最为简短、精练的语言把对方带到他想去的框架。就是要在一个新的框架中，让客户看到自己想要的好处，并且完成自我说服。没有人能够说服谁，只有自己才能说服自己。

实战销售

让世界沉默的曼德拉

曼德拉曾经被关在监狱里长达 27 年，受尽了非人的虐待。

令人没想到的是，在他光荣就任南非总统的那天，他邀请了以前在看守所虐待过他的三个人。

庄严地站在众人面前的曼德拉总统，竟然恭恭敬敬地向三位看守员致敬，在场的所有人都静了下来。

就在走出监狱大门的那一刻，就在昂首阔步地走向自由世界时，曾经饱受摧残的曼德拉清醒地意识到，真正能伤到自己的，并不是身边的哪一个人，而是自己，只有自己才能伤害到自己。

出狱后的曼德拉深深领悟到，要是不让愤怒和怨恨成为过去，自己将永远困在内心的牢狱中饱受煎熬，一辈子都将在内心世界里自我摧残，这样，从始至终都在破坏自身的能量系统。

人之所以会因受到伤害而感到痛苦，表面上是在跟别人的是非对错较劲，其实是在跟自己的潜意识较劲。当一个人在潜意识中不认可自己时，就开始向外看，去评判别人；当一个人在潜意识中不接纳自己时，就开始对别人产生抗拒心理。

每个人的潜意识中都有一种自我保护意识，不仅只考虑与自己利益息息相关的事情，而且还会产生对自己利益最佳的行为。客户做出购买行为前，潜意识中是不愿意按业务员销售的方式去做的，而是基于对自身利益需求的考虑，最终选择购不购买业务员销售的产品。

同样的一个方案，一个是自己想出来的让别人去执行，另一个是自己想出来的自己亲自去执行，哪个的执行效果会更好一些？肯定是自己亲自去执行效果会更好一些。

一个懂得说服别人的业务员，知道如何把自己的想法加工包装成客户的想法，让客户感觉到这是他自己想出来的，而不是被人左右才做出的决策。就好比即使业务员知道前面的道路该怎么走，也要让客户觉得是他自己发现了路标。

成功说服别人的原理就是利用对方固有的信念系统，绕到对方后面，引导对方说服自己，而不是强行改变对方的信念。销售高手一定是进入对方的思维框架里面，快速找到对方潜意识中固有的信念和价值观。一旦找到了他人潜意识中的价值观，将他人在意的价值创造、增大或转移，就能推动他人产生自己想要的行为。因此，不要站在自己的角度，一定要站到对方的立场，通过潜意识说服对方。

实战销售

巧妙转变客户的身份，让客户自己说服自己

一次，一对新人结婚，新郎兴高采烈地去迎亲，到了丈母娘家却被堵住了。

各种各样的人都在刁难新郎，全都想着法子索要红包，甚至连新娘也跟着一块儿起哄。新郎发出去不少红包，屋里的人还是不让他进去接新娘。

外边陪新郎来接亲的人眼看情况有点儿不妙，都为此感到着急，却又苦于没有更好的办法。

突然间，新郎灵机一动，一个妙计涌上心头。他隔着门大声地喊起来："里面的媳妇啊，你可听清楚了，现在我送出去的红包，可都是咱们家的钱啊！"

果不其然，不到几秒钟的工夫，新娘就不顾娘家人的反对和阻挠，急匆匆地从屋里出来了。

喋喋不休地讲些大道理，其实难以说服一个人。说服高手一定能进入对方的潜意识深处，一针见血地找到对方最为在意的价值需求，甚至悄无声息地转换对方固有的思维框架，让对方产生自己想要的行为。

当新娘的思维框架还在娘家时，就难以动摇新娘潜意识中的信念，新郎得拿出更多的红包才能让新娘走出来。然而，新郎只靠一句极其简单的话语，就转换了新娘潜意识中的思维框架，新娘在新的框架中再次做出评估，马上就在潜意识中说服了自己，那就是“不能拿着自个儿的钱折腾自己”，所以才会不顾一切反对地匆匆而出。

什么是一个业务员的洞察力？就是只要客户稍微一动，业务员就能觉察出他的需求的能力。

优秀的业务员会注意观察客户在哪个时候微微点了一下头，在哪个时刻眼睛突然亮了一下，因为客户说出的话只是他意识层面的行为，而他的表情动作、肢体语言是他潜意识的流露，那才是潜藏于行为背后的真实动机。

一旦业务员洞察出客户的价值需求，就可以通过转换背后的思维框架，让客户自己发现自己想要的好处，这样，客户自然会在潜意识中说服自己。

尤其一些大客户，甚至不会和业务员多说话，谁能发现他的需求，他就会把机会给予谁。销售高手会把客户有可能需要的资源都准备好，只要觉察到客户真实存在的价值需求，就找准一个时空角把资源提供给他，然后就可以轻而易举地说服客户购买了。

不是说谁的产品好，谁的项目书做得漂亮，客户就会选谁的产品。可能某个业务员的产品并没有竞争对手的产品好，但是他能发现客户潜在的需求，让客户自己说服自己从他这里购买，这样，对手产品再好也会被掩盖，根本就没有竞争的机会。

销售就好比烧开水，火候不到绝不成交

作为一个跑市场的业务员，不要单单局限于自己卖的产品。好的业务员并不在于卖什么样的产品，而在于寻找出销售的方法。

要是不了解销售的步骤或方法，寻找不到客户身上的价值需求，不知道什么时候去成交或怎么去成交，那最后的成交率必然惨不忍睹。

如果了解客户的时间比较少，但与客户成交的时候花费的时间比较多，结果只会让成交越来越被动。如果前面的工作做到位了，成交就是水到渠成的事情，不过就是履行一个手续而已。

为什么很多业务员在销售的时候，尤其是面对一些大客户的时候，经常“低三下四”地讨好客户，心急火燎地跟在后面求人签单？因为他们根本没有抓住客户购买行为背后的动机，所以才会以诉苦哀求的方式求着客户签单。要是业务员完全了解了客户的需求，并且还能改变客户的选择框架，客户就会反过来跟着业务员走了。

其实，客户并非是跟在业务员后面走，而是跟着他自己潜意识中的动机走。业务员抓住了客户的动机，就相当于抓住了马的缰绳，因为抓住马的缰绳才可以控制马的行动。因此，要想在还没有抓住客户的动机前就成交，无疑会增加成交的难度。

实战销售

失败的青蛙

一个经典的童话故事中讲到，有一只青蛙，只要别人吻它一下，它就可以变成一个漂亮的公主。

青蛙找到一名路过的男子，激动不已地说："先生，只要您现在吻我一下，我就会变成一位美丽的公主，那么我答应陪你一天。"

男子听了感到很好奇，就把青蛙放进了口袋，但并没有吻它。

青蛙以为男子不愿意，就加重了砝码："先生，快吻我吧，我愿意陪你一星期。"

男子跟没有听到一样，仍旧没有理会青蛙。

青蛙越来越着急，它沉不住气了："那我陪你一个月总行了吧？"

男子依然没理它。青蛙生气了："难道一位美丽的公主能够陪你一个月，你还不满意吗？"

男子把青蛙拿出来，不耐烦地对它说："我是一个工程师，没时间跟女人鬼混，可是有一只会说话的青蛙陪着我，那多酷啊。"

不少业务员在即将与客户成交时，看见客户还没有掏钱的打算，就不断地给对方增加各种好处，或者把原来的价格一降再降，可客户始终就是不肯掏钱买单。这就好比故事里的青蛙，看起来已经给了对方不少好处，可男子始终无动于衷。这是因为成交的"火候"根本还没有到，客户还没有产生任何购买的欲望，业务员若在此时不断地增加好处或者降低价格，只是在不断地增加成交时的各种成本。

青蛙自以为了解男子想要的好处，就提前进入了成交环节，其实青蛙根本不了解男子的需求，根本不知道男子到底想要什么。这就是说，业务员所在意的价值好处，并不一定是客户在意的。

当业务员还没有了解客户的需求，介绍产品时还没有塑造出价值，此时迫不及待地想成交，可能会导致功亏一篑。每个客户的价值需求都不一样，其潜意识中在意的东西也不同，如果没有抓住客户的需求，业务员就无法成功地说服客户签单。其结果就是在越来越艰难的成交环节中，为了能把客户的钱掏出来，业务员不断给予对方自己在意的好处，或者是在产品的价格上不断让步，导致自己几乎没有了利润空间。

为什么一些业务员跟客户的关系相处得很好，可就是无法签单呢？我身边就有这样的业务员存在。他们跟客户相处了好长一段时间，彼此的关系在各方面都不错，可就是没有签过任何单，其主要原因就是没有把握好成交的火候，没有踩准成交的节拍，要么是成交得太急了，要么是成交得太晚了。

在成熟的时机没有果断成交，一旦错过了时机，成交的成功率就大打折扣了。有些业务员似乎底气不足，居然不敢向客户逼单收钱，在成交的关键时刻突然说一句："要不，你回去再考虑一下吧。"客户听了，顺着业务员的思维，自然不会签单了："既然你建议我回去再考虑一下，那我就考虑完了再做决定。"

要知道，成交的"火候"就跟烧开水一样，要是错过了99°的关键时刻，好不容易快烧开的水就会凉下来，下次还得重新烧。让客户回去考虑后再决定，就是把关键的火候错过了。

有些业务员在前期的工作中，各方面下足了功夫，客户也有了想要购买的意愿，可到了关键时刻他不好意思开口向客户要钱，结果就被好意思的人捷足先登了。

做销售就要敢于向客户逼单收钱，否则前面所做的一切努力全都白费了。

当业务员向客户逼单的时候，客户经常会以各种方式搪塞，还说什么再考虑考虑。考虑考虑是什么意思？就是客户虽然有了想要购买的需求，但同时也有拒绝的可能。因此，业务员要在成交前的关键时刻让客户拒绝的念头"胎死腹中"，千万不要因客户的障眼法而错失成交的机会。

比如，当客户表示要"考虑一下"的时候，业务员可以当场把他的想法"戳破"："对不起，可能是我哪里没有表达清楚，才让您说再考虑考虑。是我们的产品有什么问题还是您存在其他疑问？"

用这些话语直面客户的问题，同时还可以赢得客户的信赖。如果客户对产品还不太了解，那业务员就根据疑点再详细讲解；如果客户还有其他方面的抗拒点，那就有针对性地解除其抗拒。

介绍产品时卖的是好处，与客户成交时卖的是信任

在什么样的情况下客户掏钱最痛快？就是他看到了自身的痛苦，但还没有得到有效的解决，相信业务员可以帮助他解决的时候。这个时候，客户掏钱签单的速度最快。

要想一针见血地实现与客户成交，就要了解销售背后的原理，尤其是在成交的环节上，要了解到底是什么因素决定了客户购买或不购买。

客户购买产品的目的，就是为了满足自身的需求，或是获得自己想要的好处，至于产品的好处到底是不是真的，客户在还没有购买前是不知道的，只有在他掏钱购买并使用了之后，才能知道产品究竟怎么样。

因此，并不是产品的好处决定了客户购不购买，而是客户是否相信产品的好处是真的。客户之所以没有掏钱，其背后原因是因为他还存在着一些顾虑，还不完全相信产品的好处。客户要是相信了产品的好处，那他就愿意掏钱；客户要是不相信，那他就不会掏钱。

客户是否愿意掏钱，其根本在于是否相信产品。要是客户不相信，即便是货真价实的产品，客户也不会购买；要是客户相信了产品，即便是不太过关的产品，客户也会选择购买。

为什么很多企业产品非常不错，可就是难以打开庞大的消费市场？究竟忽略了哪个关键的环节？

这是因为这些企业在研发产品的时候，虽然聚焦了产品的好处，却在开拓市场的时候没有解决客户相信这个问题。要是在销售产品的时候不能令客户相信，即便再好的产品，客户也不会轻易掏钱，毕竟好酒也怕巷子深。

要是业务员能让客户相信产品，客户就会把钱掏出来，产品随后再给他都可以。如果不能令客户相信，那只能先把产品给客户，随后客户再掏钱。

业务员跟客户谈单，就是看怎样取得客户的信任。在市场营销方面，业务员先铺货后收钱，是其成交能力不足的表现。

营销就是要围绕客户的信念来做，销售就是要围绕客户的信任来做。不管什么样的产品，只要市场反响不错，好的势头造起来了，其他人都觉得很好，那么产品是不是真的有那么多好处，其实已经不怎么重要了。

一部电影在前期的推广与炒作，其实就是围绕客户的相信来做的。甚至很多品牌的宣传、推广甚至炒作，其实也是在解决客户的相信这个问题。

实战销售

谁能让客户相信，谁就能抢占客户

在美国的一条大街上，有三家实力不相上下的裁缝店。为了能招揽到更多的客户，三家店各自展开了宣传攻势。

第一家裁缝店思考再三，在门前挂出了一块牌子，上面赫然写着“全市最好的裁缝”几个字。

第二家裁缝店看到了，也不甘示弱地在门口挂了一个牌子，上面赫然写着“全州最好的裁缝”几个字。

第三家裁缝店的员工看到后，纷纷建议老板挂上一个“全国最好的裁缝”的牌子。

老板并没有采纳员工的意见，他只是微微一笑，在门口挂了一个牌子，上面轻轻地写着：本街最好的裁缝。

从大街上经过的顾客看到第三家店的牌子后，许多人走进去定做衣服，慢慢地，第三家店的生意比前两家店的业绩总和还要多。

作为销售产品的业务员，要经常反问自己：客户凭什么给我掏钱？到底凭什么才能与客户成交？

其实，不是业务员手中的产品有多好，能够给客户带来多大的价值，而是客户相信了业务员的产品有多好。只要客户相信产品能给他带来想要的好处，就会积极主动地产生最后的成交行为。

前两家裁缝店在展开宣传攻势时，说自己是全市、全州最好的裁缝，广告做得确实不同凡响，但是一个最关键的问题他们没有解决，那就是客户始终不相信。如果不能令客户相信，那产品再好也没用。要是第三家店说自己是“全国最好的裁缝”，就会陷入惯性的误区中。若想胜过前两家，他只要是这条街上最好的就可以了，根本不用把框架放到全国。而且，框架越小越容易让客户相信，正如故事所讲的，第三家店巧借其他两家的信任，直接把客流截流过来了。而且，当客流聚集过来之后，反过来又可以证明这家店是这条街上最好的，这样，生意进入良性循环，就越来越好了。

取得客户信任的能力，就是与客户成交的能力

在成交的环节当中，要解决信念的问题，就是如何能取得客户的相信。因为决定客户最终购不购买的原因，不在于客户在价值需求上到底要不要，而在于客户在信念层面上到底信不信。

为什么客户的需求被挖出来了，甚至痛点需求的“伤口”也被撕开了，可就是不肯掏钱？这是因为客户还没有完全相信产品能给他带来想要的好处，还不确定花出去的钱到底值不值。

没有取得客户相信的原因，一是因为客户还没有完全认可业务员，二是因为客户还没有完全接受产品。要是业务员还没有得到客户的认可，那根本就没有销售的机会。客户只有先认可了业务员，才会更进一步地了解业务员的产品。

业务员要想取得客户的相信，就要让客户先信任业务员，然后再信任业务员销售的产品。因此，业务员要先学会销售自己，让客户认可并接受自己。让客户接受就是双方改变各自的身份，从毫无信任的陌生人成为建立信任的朋友，最终业务员一步步地取得客户潜意识中的信任。

如今，最大的危机不是物质层面的危机，而是人与人之间的信任危机，最困难的事情就是获得别人的信任。谁能解决客户对自己的信任危机，让客户以最快的速度信任自己，谁在销售中的成交能力就越强。

实战销售

大学营销专业的实践题

一位大学教授上课时，给营销专业的学生们布置了一道实践题，要求每位学生都到车站去帮一位陌生的旅客运行李，回来后再汇报完成的情况。

同学们听到这道题都觉得非常搞笑，一件轻而易举的小事而已，居然算一道实践题？

可没想到的是，全班有那么多同学，却只有一个人完成了任务。同学们七嘴八舌地议论起来，纷纷抱怨起社会上的信任危机。自己只是一片好心地想帮别人，可那些人都跟防贼一样，不让自己碰他们的任何东西。最后，教授让那个同学介绍一下经验，说说是如何完成任务的，那个同学羞涩地低下头说："我给了他 100 元押金。"

做销售，最大的困惑就是寻找不到客户的需求，最大的瓶颈就是难以取得客户的相信。不少业务员在锻炼销售能力时，经常会说一切都是为了爱，都是为了更好地帮助客户，可是事实并非如此，后面还是困难重重。

并不是有了一片好心，别人就会买账；并不是有了一款好产品，客户就会买单。常常会有一种情况发生，就是明明业务员有一款非常不错的产品，可客户就是不愿意掏钱买单；而一款质量相对差一些的产品，客户竟然主动掏钱签单了。

故事中那些没有完成任务的同学，就是没有解决旅客相信的问题，使旅客对他们的好意存在质疑，自然不会轻易地允许他们碰东西，最终导致没有把自己的“好心”成功地销售给旅客。

而那个成功完成了任务的同学，巧妙地运用了“押金”的方式，一步到位地化解了旅客的信任危机，解决了让陌生旅客相信这个问题。

有不少业务员认为，只要找到一款好的产品就能卖出去，就可以完成不少业绩，就可以赚到不少钱，结果耗费了大量时间和精力，却根本没有卖出去几套产品。

开始时，他们信心满满地冲向市场，结果却是惨不忍睹地铩羽而归，因为他们根本没有提升销售的能力。当业务员掌握了销售的原理和方法，不管手中所销售的产品是什么，都可以成功地卖给任何一个陌生人。

不少业务员为了提升销售能力，经常进行一些演讲训练，结果却是演讲能力上去了，销售能力却没有跟上。演讲讲的是对别人有帮助的东西，是把好处直接给了别人，而一对多的销讲不是直接给客户一些好处，而是通过各种办法让客户相信产品的好处是真的。

实战销售

洗澡堂的强势营销

一个男子想去洗澡堂搓澡，一进大门就碰到了澡堂老板。

男子询问道：“老板，洗澡多少钱？”

店老板说：“男浴池 10 元，女浴池 100 元。”

男子听完一愣，心想："呃，你抢钱啊……"

店老板问："你想去男浴池还是女浴池？"

男子二话没说，果断交了100块。

男子激动地跑进女浴池一看，发现里面全是男生。

浴池里的兄弟们看到他进来，都不满地嘀咕起来："丫的，又来一男的。"

判断客户会不会产生购买的行为，业务员首先要找到客户的价值需求，即客户价值观层面在意的东西。什么是客户的价值需求？就是客户想要获得的好处，或是想要逃避痛苦的感觉。为什么不少业务员会被轰出大门？因为他们根本不知道客户需要什么，一见面就滔滔不绝地推销产品。如果业务员所讲的内容不是客户所在意的，那对客户就没有任何帮助；即便讲得超级精彩，对客户而言也是一些无关痛痒的废话。

判断客户会不会产生购买的行为，业务员其次要解决客户的信念问题，即客户信念层面所认可的东西。为什么不少业务员快成交了却出不了单？因为客户在潜意识中还没有相信业务员，不相信产品或服务能满足自己。

上述案例中的男子在意识层面在意门票的价格，认为10元与100元存在价格差；而在其潜意识层面在意的是服务的价值，即进女浴室会洗得更爽。如果他在信念层面相信了这个好处是真的，那么他在买票时就产生了成交的行为。

判断客户会不会产生购买的行为，业务员最后要判断客户是否有购买的能力。假如客户在整个价值层面有了需求，并相信产品或服务能带来自己想要的好处，却没有支付消费的能力，最后怎么能产生成交的行为呢？

借用品牌的知名度，取得客户的信赖感

在促使客户相信的方法中，最为常见而有效的一个方法就是品牌效应，品牌是解决消费者信念问题的一个因素。

在人的潜意识中，经常会轻信于某一个权威，认为权威的东西不会错。就是因为人不会对权威产生怀疑，品牌才风靡于整个市场。

一个企业的产品形成了品牌，很快就能令客户相信，同时会抢占庞大的消费市场。要是还没有形成品牌，产品的质量再好也难以打开市场。

为什么一些大医院患者很多，而一些小诊所生意很冷清？因为大医院形成了一定的知名度，患者当然会相信了；而一些小诊所籍籍无名，更多患者不会相信小诊所的医疗水平。

销售就是解决客户的相信问题，让客户相信业务员和业务员的产品。业务员只要解决了客户的相信问题，就可以在市场上获得大收益。

销售不仅仅是卖产品，以使客户得到想要获得的好处，而且是向客户卖一个信念，让客户相信产品的好处是真的。只要业务员多取得一点客户的信任，或者是多给客户一点购买的信心，客户自然愿意掏钱。

一些说服力超强的业务员在跟客户谈单时，就是不仅让客户意识到自身的需求，而且还能让客户产生一个坚定的信念。如果把客户的时间线拉得更加长远，客户就能看到未来才能出现的画面，这就有力地证明了客户当下的选择没错。

为什么越来越多的大学毕业生在求职时更热衷于一些知名的大企业？难道小企业在各方面都不如大企业吗？小企业的发展空间很小吗？一方面，知名的大企业就是品牌，可以轻松地解决求职者的信念，让求职者觉得大企业各方面待遇都好；另一方面，因为求职者的时间线很短，只能看到当下的一些具体事物，难以看到未来可能出现的一切，所以就只能选择眼前的事情。

为什么客户在消费的时候经常会选择名牌产品？难道是虚荣心作祟，要在别人面前炫耀？不是的。是因为客户在选择产品的时候没有判断力，在铺天盖地的产品面前变得很迷茫，不确定产品能否带给他想要的好处，这时就易出现从众或盲从的心理，选择一个根本不需要思考的品牌，毕竟已有品牌具备一定的公信力。

市面上有不少畅销产品，其实并不是因为质量多么好，而是在营销上下足了功夫，让客户一接触到产品就相信了。而有一些扎扎实实抓质量的企业，却因为不够重视产品的营销或销售，最后因消费市场萎靡而难以为继。

在促使客户相信这个问题上，可以借助一些品牌或名人的效应，巧妙地转嫁到业务员的产品上。比如利用一些知名的媒体做广告，就是嫁接了客户对媒体的信任。

客户相信谁说的话，厂家就让谁替自己说话，大到可以请明星代言，小到可以请客户到现场去见证。要是请不到明星来代言，也找不到一些客户见证，那业务员在销售产品的时候就要塑造品牌意识。就是通过转换产品背后的框架，让产品出现其他产品无法比拟的“第一”，以最好的印象抢占客户的心理高度。

实战销售

销售中的“第一”策略

1969 年 7 月 20 日，美国宇航员阿姆斯特朗和奥尔德林乘“阿波罗”11 号飞船首次登陆月球。

第一个在地球外星体上留下脚印的人是阿姆斯特朗，不是奥尔德林，全世界的人似乎只记住了阿姆斯特朗，而没有太多地关注奥尔德林。

一个记者在采访时，曾询问奥尔德林：“每当谈到登月第一人，你总会被遗忘，对此你会感到不舒服吗?”

奥尔德林微笑着说：“大家可不要忘记了，在返回地球的时候，我是第一个出太空的，我是从别的星球来到地球上的第一个人!”

从此以后，大家不仅记住了第一个踏上月球的人阿姆斯特朗，而且还记住了从别的星球来到地球上的第一个人奥尔德林。

客户在选择产品时，无形中会对产品进行排名，形成一种品牌化的思维效应，排名越在前面，客户越会相信。谁的产品排在最前面，给客户形成一个第一的印象，客户就容易关注并记住这个产品。比如大家都只记得阿姆斯特朗，而全然忘记了奥尔德林。

假如某个产品本来不是第一，而业务员偏说是第一，那就是在欺骗客户，效果只会适得其反。奥尔德林要是说自己是第一个登上月球的人，明显就是在撒谎，可要是说自己是第二个登上月球的人，那自身的品牌价值就不是很大。那到底怎样来塑造，才能使自己形成品牌效应，从而在消费者心中立住脚呢?这就需要灵活地转换框架，转换到另一个框架当中。就像奥尔德林，他在登上月球的框架中并不是第一，而在从外星球回到地球的框架中，他就是第一了。

利用人们思考的惰性，让他们相信你更专业

近年来，罗振宇的“逻辑思维”微信公众号火了起来，每天早上推送的一条语音成了最大的亮点，其中更多的是对书本或者生活的一些思考，无数粉丝每天都会认真倾听，享受着别人思考出来的成果。

其实，人们普遍具有一个特点，就是在思考上存在一定的惰性，不愿意主动进行深度的思考，同时又想享受别人思考出来的成果。或者说，任何人都可以思考出有价值的东西，只不过大部分人在思考上比较懒惰

而已。

可是，当人懒惰下来的时候，就为市场创造出了一些需求。比如，有人懒得花时间去阅读一本书，甚至懒得去思考自己的人生，这就让“逻辑思维”有了更多存在的价值，因为罗振宇会把书里面的精华，经过思考后包装成极其精练的语言推送出来，让人们直接感受到了书的内容价值。

只要某个人觉得罗振宇很专业，每天能带给自己想要的东西，那他就会成为罗振宇的粉丝；只要他觉得罗振宇思考出来的内容不错，还体验到了碎片化的知识经过思考和包装后的成品，那他说不定就会从公众号里面购买几本书。

实战销售

在人生中偷过的懒，会变成打在脸上的巴掌

一个男生约心仪的女生出去玩，一天下来，两人非常开心。在准备吃饭的时候，两人有了这样一段经历。

女生：“晚上吃什么？”

男生：“随便。”

女生：“那你想吃什么？”

男生：“随便，都好。你喜欢吃什么，咱们就去吃什么。”

女生：“我给你权利，你选一个。”

男生：“我听你的，你选吧。”

女生：“那你自己去吃吧，我有事先走了。”

女生感到非常无奈，不满地瞟了男生一眼，转身就离开了。

故事中的男生，女生让他决定吃什么的时候，他偏偏懒得思考，此时女生心里已经崩溃，结果当然是彼此都尴尬。难道决定吃什么有这么困难吗？只要打开手机搜索一下，可以找到很多好吃的。

其实，男生这样做并不是真的尊重女生的选择，而是他根本就懒得去思考，内心没有任何主意，因此肯定会让女生尴尬与反感。结果当然是男生难以与女生继续交往，只能眼睁睁地看着女生扭头走了。

当业务员向客户推销产品的时候，客户有时候也会存在思维惰性，有些事情根本懒得去思考，因而业务员多帮客户思考一下各方面的情况，会让客户觉得业务员不仅非常专业，而且能帮助他做出选择。

要知道，不少消费者在选择产品时往往最相信专家，因为专家对产品的了解肯定更多一些。业务员在需要向客户展示出专业的一面时，就要表现出在某一领域的专业功底，用专业知识解决客户存在的各种疑虑。

在销售中想取得客户的信任，并不一定让客户明白所有的内容，只要能让客户相信业务员就够了。例如一个人身体不舒服去医院看病，医生会讲许多医学上的知识，病人不见得所有的都能听懂，但最后完全信了。

正是因为客户懒得思考，业务员才会有促使客户相信的机会。因此，在向客户介绍产品时，业务员可以多讲专业方面的内容，让客户感觉到业务员是个专家，当客户只想看到结果，就会把所有的事情都委托给业务员。

其实，有不少玩资本、搞融资的人在行业里就是这么做的。他们讲了许多投资理财的内容，客户或许就没听懂多少，但在交谈中却产生一种感觉，认为对方是投资方面的专家，否则怎么会懂得那么多呢？

只要客户觉得业务员很专业，就容易相信对方。这时，业务员要想办法讲得更专业，让客户更“糊涂”。如果客户越听越“糊涂”，理性层面的思考就会越少，就越容易与业务员成交。要是业务员讲得明明白白的，那与客户成交的难度反而会加大。因为业务员向客户销售产品时，让客户完全明白的成本是非常高的，更何况，要是客户真的全部弄明白了，他就会进入理性思维层面，所要考虑的因素会增加不少，反而不会轻易地相信业务员。

让客户弄不明白，同时又感觉业务员非常专业，这也是一种促使客户相信的办法。

转换不同的身份，获取客户的信任度

为什么有些人的话可信，而有些人的话却不可信？因为每个人的身份不同，所以给予人的信任度也不同。要想在销售中解决客户相信的问题，就要利用好不同的身份层次感。

比如向一个人推销同样的一款产品，不同的推销者可能会有截然相反的结果。一个陌生人向他推销产品，他可能不会轻易地选择购买；要是身边的一个朋友向他推销，他可能想都不想就会掏钱购买。

实战销售

身份不同，信赖不同

下班之后，小张准备坐公交车回家。可是足足等了半个小时才来了一辆公交车，车上人还爆满。公交车停下来后，车门刚一打开，所有人都拼命往上挤。

公交车司机见状，一边维持秩序，一边大声喊："别挤了，都别挤了，大家都有车坐，后面还有一辆空车呢。"然而大家就跟没听见一样，还是一个劲儿地往上挤。

此时，小张扭头往后一看，小声地说了句："咦，后边还真有一辆。"

大家听了，居然全都不挤了，甚至一些上了车的人又从车上跳了下去，直奔后面那辆车而去。

为什么同样的一句话，公交车司机说了没有人听，而小张只是随便说了一句人们就信了？这是因为司机和小张两个人的身份完全不同，大家对他们的信任度也不同。

公交车司机的身份是与乘客对立的，双方所考虑的利益出发点是完全不相同的，公交车司机说话的目的是为了让大家不要往车上挤，所以大家对公交车司机并不是很信任。小张的身份跟乘客完全一样，所考虑的利益出发点完全一致，他说出来的话没有任何目的性或对立性，所以大家对小张非常信任。

在向客户销售产品的时候，可能业务员苦口婆心地说了一大堆话，客户却始终存在一些顾虑；可是如果客户身边的朋友说一句好话，或者其他客户说几句产品的好话，客户可能就相信产品了。

要想提高销售中的成交率，就要想办法解决客户相信这个问题。尤其在不同身份的人面前，业务员要找到客户相信谁，然后想办法让那个人帮自己说话。那个人只要帮着说一句好话，比业务员说一百句都管用，因为业务员转嫁了别人的信任。

只要客户的信任问题解决了，那成交的事情就好解决了。要是客户相信身边的朋友，那就想办法让他朋友帮着多说话；要是客户相信明星艺人，那就想办法让他们做代言；要是客户相信权威媒体，那就想办法让媒体出面来说。

实战销售

站在客户的主场，拉近与客户的距离

一家帽子专卖店里有两名导购员。发工资的时候，老板发现了一个令人惊讶不已的现象，就是这两个导购员的工资相差十倍。

老板对此不得其解，为什么会相差那么大的距离呢？为了弄明白其中的究竟，老板在店里暗暗观察了一番，终于找到了两个人的差别。

一个顾客走进店里，四处看看不同的帽子，并拿起其中的一顶。

导购员A看到后，热情地上前搭话："先生，这顶帽子刚好适合您，买一顶吧。"

顾客放下手中的帽子，瞟了他一眼说："根本用不着，我脑袋上的几根头发，数都数得过来。"

说罢，客户转身准备离开。

此时，导购员B走过来，微笑着对客户说："先生，如果您戴上了这顶帽子，就不会有人数您的头发了。"

顾客听完，马上心情愉快地掏钱买单了。

为什么同一家专卖店的导购员，两个人的业绩相差却如此之大呢？两个人都只说了一句话，为什么一个人瞬间就令客户不开心，另一个人却让客户的心情愉快起来了？虽然两个人都是店里的导购员，但是因为两个人呈现的身份不一样，以致说出的话语不尽相同，结果也完全不同。

导购员A之所以让客户非常反感，是因为他的身份只是一个卖帽子的，他处在一个跟顾客相互对立的立场，客户一看到导购员A以这个身份出现，就会想到对方是要掏自己的钱，进而产生不愉快的感觉。

而导购员B之所以让客户非常感动，是因为他的身份是帮助顾客解决问题的，他处在一个跟顾客相对统一的立场，客户一看到导购员B以这个身份出现，就会想到对方是来帮助自己的，进而产生愉快的感觉。

不同的身份代表不同的利益，就会说出不一样的话，甚至会产生不一样的行为，最终就有了不一样的结果。

有些业务员在跟客户交谈时，经常会聊不少题外话，目的就是想拉近跟客户的距离，有效化解跟陌生客户间的隔阂，建立起一个相对舒适的沟通氛围，这样在成交时容易取得客户的信任。

要是客户在身份层面没有认同业务员，就会对业务员产生一定的戒备心理。当业务员的身份有所调整和改变时，客户的戒备心就会随之消失。或者当业务员找到了跟客户的共同话题后，业务员的身份就悄无声息地慢慢改变了。

实战销售

关系就是一种信任

有一个业务员去拜访一个陌生客户。

业务员："请问您是哪里人？"

客户："沈阳。"

业务员："噢，我有一个关系很好的朋友就在沈阳居住，我还去过好几次呢。那地方应该变化挺大的吧？你们那儿有一位很幽默的演员——小沈阳，我很喜欢呢。"

客户："是呀，我也挺喜欢的。"

就是这些看似琐碎的话题让彼此交流的空间不断放大，拉近了业务员与客户之间的距离，促使客户产生了信任的心理倾向。

在交谈过程中，业务员与客户一点点地把话题聊开后，彼此的身份就会发生变化，从陌生人演变成朋友，像交朋友一样做销售，成交就容易得多了。

改变地理位置策略，借别人的知名度销售

在销售中，想要实现与客户成交，不仅要凭借自身的产品优势，而且

要学会借助别人的力量，也就是转嫁别人的信任，或者说吸引别人的关注度。

尤其一个刚起步的公司，或者一款刚推向市场的产品，没有条件做品牌推广时，就要学会借力营销或者销售。一旦把客户的信任转嫁过来，取得客户的相信就会很容易，最后让客户掏钱签单也就不是一件难事了。

不同的角色身份有不同的信任度，不同的地理位置也有不同的信任度。当一个公司或一个产品改变了自己的地理位置，不仅可以获得更大的人流量，而且还能获得极大的信任度，这样既确保了充足的客户资源，又确保了高效的成交率。

实战销售

改变地理位置，获得不同的信任

国外的一家日用品生产商进入庞大的中国市场后，竟然做了一件让不少同行看不懂的事情，就是把自己的直营店开在房租非常高、成本非常高的城市中心广场，而且其左边就是国际著名的顶级品牌香奈儿专营店。

要知道，日用品的单件利润并不是很大，且商店地界的租金又如此昂贵，这不是面临着亏本的风险吗？一些同行纷纷为此担忧，毕竟这一举动存在很大的市场风险，让人震惊。

一开始，很多人都表示不理解，但后来就慢慢明白了。原来顾客看到这家店后，许多人都认为，能够跟国际品牌香奈儿做邻居的产品一定也是高端产品，使用起来很有面子。

聪明的生产商用一个形象店的成本，巧妙地转嫁了其他国际品牌的信任度，直接提高了产品在客户心中的位置。

在众多营销方法中，有一种方法叫“借位”，就是巧妙借助其他品牌的位置，树立起自己在客户心中的位置。其实也就是转嫁其他品牌的信任。俗话说物以类聚，人以群分，这就好比能够跟高手过招的人，绝对不是一般人。

一根稻草的价值究竟有多大，关键在于如何销售出去。不懂得销售的人只能把它当成垃圾，而懂得销售的人却可以卖出高价来。要是把稻草扔在大街上，那它就是一个垃圾；要是把稻草跟白菜绑在一起拿到市场上去卖，那它就是白菜的价格；要是把稻草跟大闸蟹绑在一起拿到集市上去卖，那它就是大闸蟹的价格。

实战销售

转接客户的信赖度

中国式快餐连锁店“真功夫”，只用了很短时间就把连锁店开到了全国各地，而且几乎一夜之间就做成了品牌。它是如何做到的？又是如何让消费者接受的？

这是因为在营销策略上，真功夫围绕客户相信这个问题，运用改变地理位置的策略，把店面开在了全国各大车站附近的肯德基或麦当劳快餐店旁边。

肯德基和麦当劳在中国是做得非常好的。既然肯德基和麦当劳深受广大消费者的信任，那旁边的真功夫应该也不会差到哪儿去，不少人抱着这样的想法相信了真功夫，纷纷去店里消费了。

当然，真功夫一方面是借助不同的地理位置来取得消费者的信任，另一方面是借助别人的品牌知名度来推广宣传自己的产品。

实战销售

在品牌营销上“傍大款”

20世纪时，黑人的化妆品市场被一家叫佛雷的企业所垄断，一家小企业为了冲出市场，发布了一条令人匪夷所思的广告——当大家使用了佛雷化妆品，再抹上约翰逊粉质化妆膏，您的皮肤会产生非同一般的效果。

这条广告让人感到费解的地方并不是广告词多么好，而是这家小企业在自己的广告中为别人无偿打广告。

广告本来的目的应该是明确地宣传约翰逊这个企业，而不是同行佛雷公司。因此在制定这条广告时，企业内部的反对声异常激烈，基本上都不同意约翰逊对佛雷公司“作揖”。

然而，约翰逊却胸有成竹地解释说：“佛雷公司很有名气，我们虽然目前对佛雷‘作揖’，但我们的企业将是最后的赢家。”

果然，这条广告发出不久，几乎所有人都知道了约翰逊公司。没过多久，约翰逊公司就抢占了很大的市场份额，冲进了行业的前几名。

佛雷在行业内已经形成了著名的品牌，取得了消费者的极大信任，约翰逊利用这种广告方式，将客户对佛雷的信任悄无声息地转嫁到自己身上，让客户在完全信任佛雷的同时也开始信任自己。

其实，向客户卖产品，就是向客户“卖信任”，谁能在一个行业中取得客户的信任，谁就会成为最后的赢家。

业务员还没有跟客户交流的时候，客户并不会产生购买的行为，因为客户这时还不相信产品的真伪。一旦业务员跟客户交流一段时间，客户潜意识中对产品的认知就会发生转变，逐渐会从好奇、贪便宜以及认同感中脱离，最终相信产品的好处是真的。

有一个现象具有一定的普遍性，就是不少企业的营销费用，大部分都用在取得客户的信任上面。转嫁别人的信任到自己的产品上，其实是一种较为廉价的推广方式。

中央电视台具有很好的信任度，企业可以利用中央电视台的信任度，将其转接到自己身上；明星也有很高的信任度，企业不惜重金聘请明星来代言产品，目的就是让客户相信产品的好处。

直接体验产品的好处，拿证据解决客户的信任

业务员向客户销售时，有时已经使出了浑身解数，却还是不能取得客户的信任，依旧不能与客户成交，这时就可以让客户直接体验产品的好处，让客户真实地感受一下产品的价值。

客户在选择购买产品时，从产品中获得的体验是最真实的，也是最具说服力的证据。只要客户体验到产品的好处是真的，业务员就能一步到位地获得客户的信任，让客户掏钱买单就容易得多。

要知道，客户购买的并不是产品本身，而是产品给他带来的好处。可是在还没有购买并使用产品之前，客户不确定产品的好处是不是真的，只有在使用之后才能得到验证，因此，与客户成交的核心就是取得客户的信任。

取得客户信任的最简单的办法就是让客户直接体验产品的好处，让客户通过亲身体验寻找可以购买产品的有力证据。这样做，一方面可以让客户在销售过程中有更多的参与感，另一方面可以让客户通过体验说服自己购买。

随着社会经济快速发展，互联网经济迅猛崛起，“用户体验”已经成为关注度很高的一个词。众多营销方案中的体验式营销更多的是在强调客

户的一种真实感受。客户通过对产品的真实体验，会一步步化解心中的疑虑，在不知不觉中相信产品的价值，进而使最后的成交变得容易。

实战销售

体验式营销

创建于2000年的Zipcar公司是美国最大的汽车租赁公司，在这里，人们可以按小时租车。大多数人在当地用车只是为了办一些事，有了汽车租赁公司后，他们不必再去买一辆车，然后大部分时间闲置不用。

汽车租赁服务起源于欧洲，这种模式刚刚被引入美国时，人们嫌它太麻烦，对它并没有什么好感，只有坚定的环保主义者才买它的账。但是，通过重新构想客户体验的全过程，Zipcar公司将汽车租赁发展成为一项主流业务，同时为环保做出了贡献。

对于Zipcar来说，潜在客户和现有客户的体验都从网站开始，人们可以上网了解租赁服务，注册成为会员，寻找并预定附近的汽车，然后从账户中付款。

Zipcar会把为客户服务的方方面面都考虑周到，包括从车队中选择哪些汽车，客户如何确定某一时段自己要用的是哪辆车，处理加油站停车以及汽车和乘客的保险，停车场所处的位置与车队管理等。

Zipcar几乎把客户所有可能遇到的问题、困难和需求都事先想到了，并一一采取不同措施来应对，从而为客户创建了一个极为流畅的体验。从客户的角度来看，这一切似乎不费吹灰之力，但这些绝不是出于偶然，而是Zipcar公司精心设计的结果。甚至客户可能会出现的各种疑惑，Zipcar公司都把它精心设计到其中，其原则就是以最好的服务品质给予客户最好的体验，把客户认为可能存在的风险降到最低。

体验式营销或销售模式，可以节省很大的销售成本。尤其在开发新市场的时候，对于一个完全陌生的客户而言，让客户直接体验到产品的好处，验证了产品的价值是真的，不仅容易取得客户的信任，而且还可以迎来更多的回头客。

实战销售

在体验中验证产品的好处

美国有一家酒店，生意一直不是很好，尤其在整个经济环境都不太好的时候，酒店的生意每况愈下。

为了扭转严重亏损的局面，酒店老板想出一个策略，举办了一场颇为壮观而有趣的“人体多米诺骨床”活动。这场活动竟然吸引了850人来到现场，一举打破了同类活动的吉尼斯世界纪录。

凡是报名参加这场活动的人员，都获得了一张由酒店提供的床垫。令人没想到的是，这次活动成功举办之后，不仅这家酒店成为当时网络热议的话题，不少人在体验过之后主动来到这家酒店消费，还有更多人想去体验一下酒店柔软的“骨床”。

通过这次活动，酒店瞬间起死回生了。

酒店老板开展营销活动时，只是通过一次“人体多米诺骨床”活动，让客户于不知不觉中真实地体验酒店的服务。只要客户体验到了酒店的服务确实不错，自然就会于潜意识中产生对酒店的信任，这样一来，不仅在今后有需求时会主动选择到酒店消费，而且还会主动帮助酒店宣传并介绍新的客户给酒店。

客户有机会接触到产品，就可以更多地了解产品，以活动的方式让客户体验，可以让客户的体验感更强，取得客户的信任就越容易。

实战销售

直接体验好处，获得客户信任

在城市的地铁站里，一般都有供乘客休息的座位。而有些地方虽然配备了座位，却是一些硌屁股的硬座。

宜家家具敏锐地抓住这一点，决定开展一次创意活动，让客户相信沙发的品质。

他们在巴黎地铁站里摆放了不少沙发，一方面可供等车的乘客们休息片刻，另一方面是让更多的人体验宜家家具的舒适。

这一次体验式营销非常成功，不少人在体验到了沙发的舒适感后，很快就掏钱购买了一套。

如今，网店具有两个极大优势，一是有着庞大的客户流量，二是物流相对比较便捷。可网店还存在着一个大弊端，就是假冒伪劣产品充斥市场，使得人与人的信任边缘化。

相对于实体店来说，网店难以有效地取得客户的信任，因而使成交更加困难。而实体店最大的优势就是能够把握住客户的安全感，让客户看得见摸得着产品，甚至直接体验产品的好处，从而快速、有效地取得客户的信任。

第六章　潜意识的信念：如何有效解除客户的抗拒

对客户采取封闭式提问，让客户没有选择的空间

在销售过程中，客户经常会产生各种各样的抗拒，使得“快煮熟的鸭子”又飞走了。解除成交前客户的抗拒点，在整个销售过程中至关重要。只要解除了客户的抗拒点，客户就会掏钱下单；要是解除不了客户的抗拒点，客户就会弃单而走。

与客户成交就好比烧开水，客户临掏钱时产生了各种抗拒，相当于水已经烧到99°，马上就要开了，可就欠最后的1°，只要解除了1°这个抗拒点，水就烧开了。解除客户的抗拒点，就是最后加的那一把火。

在解除客户抗拒点的时候，换一种提问方式就可以改变客户的选择框架，让客户没有更多思考和选择的空间。同样的一个问题，采取不同的提问方式，最后的结果会截然不同。

实战销售

发问不同，结果不同

相传有一天，在西方国家的一个教堂里，一位教士正在做礼拜时，

烟瘾忽然犯了，一时间难以忍耐，他就去问上司："请问祈祷的时候我可以抽烟吗?"

结果，他遭到了上司严厉的斥责："不可以。在祈祷的时候抽烟是对上帝的大不敬。"

后来，又有一个教士来到教堂，同样在祈祷的时候犯了烟瘾，他换了一种方式去询问上司："请问在吸烟的时候我可以祈祷吗?"

上司微微一笑，竟然答应了他的请求："可以。难得你在抽烟的时候还能虔诚地向上帝祈祷。"

同样是关于祈祷时抽烟的问题，只因为两种截然不同的发问方式，第一个教士遭到了严厉的拒绝，第二个教士却得到了褒奖。同理，在销售过程中采用不同的发问方式，可以获得截然相反的效果。

客户正在犹豫不决时，有些业务员一发问，客户反而把钱塞回口袋里了；而有些人一发问，客户却毫不犹豫地掏钱了。这是因为业务员不同的发问方式，其实是在给客户提供一个框架，不同的框架会使客户产生不同的选择。业务员提供的框架越大，客户的选择就会越多，就越不确定是否购买；业务员提供的框架越小，客户的选择就会越少，只能选择其中的某一种。因此，业务员要对客户进行封闭式提问，不要给客户提供理性思考的时机和空间；要根据客户思维上的惰性，只给客户提供极有限的选择，让客户以最快的速度做一道选择题。

不少业务员在销售时，前面的工作流程都没问题，可就是临成交时解除不了客户的抗拒点，导致客户不愿意掏钱。与客户成交其实就是解决客户的信任问题，就是在帮助客户下决心，结果有很多业务员在临成交时不敢向客户逼单，无法促成最后的成交。因此，要用催促性或封闭式提问解除客户的抗拒点，让客户在业务员提供的有限框架内做出最好的选择。

什么是封闭式提问？就是给客户的选择限定一个范围，只给客户一个二选一的选择。

比如在电话销售中，想邀约客户见面，业务员可以如下发问：“今天下午您4点有时间还是5点有时间?”这样一来，客户的选择就被限定了，不管他选择哪个时间点，结果都是业务员约到了客户。只要业务员提供的框架能够把客户“框”住，与客户成交就有了极大的可能。

实战销售

对客户进行封闭式提问

有两个下岗女工迫于生计，各开了一个馄饨店谋生。

两个人开店的位置和规模几乎一样，可每天卖出鸡蛋的数量却不一样，鸡蛋店的老板对此很不解，便想弄清楚其中的原因。

鸡蛋店老板观察了很久，终于明白了其中的奥妙，原来是顾客进店吃馄饨的时候，两个人的发问方式不尽相同。

顾客进生意兴隆那家店吃馄饨时，那个女工总是问：“您好，您要一个鸡蛋还是两个鸡蛋?”

结果，有的顾客说要一个鸡蛋，有的说要两个鸡蛋，不管要几个鸡蛋，几乎每个顾客都买了鸡蛋。

而在生意惨淡的那家店，顾客来吃馄饨时，那个女工总是问：“您好，您要不要加一个鸡蛋?”

结果，有的顾客说要一个鸡蛋，而绝大多数顾客都说不要鸡蛋。这样，她卖出去的鸡蛋便少得可怜。

当业务员向客户提出问题的时候，其实业务员已经站在客户的前面，非常容易引导客户购买。只要给客户提供一个选择的框架，客户就会顺着业务员的思路做出选择，要是业务员给出的框架出现了漏洞，客户可能就会弃单了。

在上面的案例中，在各方面条件均等的情况下，只因向顾客销售时的细节不同，第一家店总能卖出不少鸡蛋，而第二家店却卖不出多少鸡蛋。

实战销售

肯德基的销售技巧

有一个顾客来到肯德基，于不知不觉中与服务员成交了。

服务员："欢迎光临肯德基，请问您要点什么？"

客人："一个汉堡包。"

服务员："您是要辣的还是不辣的？"

客人："辣的。"

服务员："您再增加两块钱就可以换成双层汉堡，可以吗？"

客人："好的，就要双层汉堡。"

服务员："请问您还要来点薯条吗？"

客人："好的。"

服务员："请问您要大薯条、中薯条，还是小薯条？"

客人："中薯条。"

服务员："请问您要一包还是两包？"

客人："一包就可以了。"

服务员："我们现在推出了薯条摇摇乐，您想试试吗？"

客人："不需要，给我番茄酱就可以了。"

服务员："好的。您还要饮料吗？"

客人："要。"

服务员："雪碧、红茶、可乐、芬达，您要哪一种？"

客人："可乐。"

服务员："您要大杯、中杯、小杯，还是瓶装？"

客人："中杯。"

服务员："需要加冰吗？"

客人："需要。"

服务员："加冰稍微多一点还是稍微少一点？"

客人："差不多就可以。"

服务员："那给您稍微多一点，可以吗？"

客人："可以，谢谢。"

服务员："不客气，先生。我们最新推出了墨西哥鸡肉卷，您要尝一尝吗?"

客人："不用了，谢谢。"

服务员："赠送机器猫的外带全家餐，您要不要试一下?"

客人："不试了，谢谢。"

服务员："好的，总共148元。请问您是刷卡还是付现?"

客人："付现。"

发现了吗？肯德基服务员在跟顾客交谈的时候，几乎全部是封闭式提问，"逼"着顾客一步一步往前走，最后出了一个148元的单。

当与客户发生争执时，用回应术化解其负面情绪

业务员跟客户谈单的时候，有时候因为彼此间立场和观点不同，可能会发生一些争执。双方各执己见地争论，不知不觉中会忘了初衷是什么，更多的是一种负面情绪的宣泄。尤其有一些业务员临成交前向客户逼单，最后竟逼出了火药味，跟客户争得面红耳赤，结果客户被逼急了、逼走了。在成交过程中解除客户的抗拒点，虽然更多时候要借感性的一面来完成，但也不能让客户的情绪过于激动，否则容易使客户陷入负面情绪。

在销售中，业务员最忌讳的就是跟客户争吵，即便最后吵赢了，业务员也可能会因为争吵而流失一笔订单。在任何一种人际关系当中，因争吵而付出的成本是巨大的，不管跟谁争，即使赢了，其实也是输了。

业务员跟客户争，即使争赢了，客户却走了；跟同事争，即使争赢了，团队却散了；跟家人争，即使争赢了，亲情却没了；跟朋友争，即使争赢了，朋友却少了。

实战销售

转化客户的负面情绪

一对情侣约会，女生因为处理一些事情迟到了几分钟，男生焦躁万分，准备数落几句。

女生笑着说："你这才等了几分钟呀，就耐不住性子了。你要知道，我等你已经20多年了，从来没生过你的气。"

男生听了感动不已，一下子把女生揽入怀中。不久，他们幸福地走进了婚姻的殿堂。

几年之后的一天，他们去接放学的孩子，因为有些事情，他们去晚了，孩子闷闷不乐地埋怨起来。

男生刚要给孩子解释，女生摸着孩子的头慢慢地说："宝贝别急，你不过等了一小会儿，我们已经等你30年了。"

孩子抬头看了看他们，脸上露出了笑容。

看到这个故事，一个懂得销售的人并不是关注其中的浪漫、温馨，而是学习故事中女生的智慧，巧妙地化解他人的负面情绪。

当老公和孩子产生抱怨情绪时，女生没有固执己见地跟对方争执，而是用一句话化解了他们的负面情绪，让对方从"抱怨、愤怒"的框架中瞬间转换到“平和、感动”的框架中。

不少业务员在跟客户谈单时，有很多次都是由于客户产生了情绪，最后损失了一笔订单。当客户情绪上不太稳定，甚至出现了抱怨或愤怒等负面情绪时，其实就是掉到了最糟糕的框架中。

当客户处在负能量的框架中时，他就已经丧失了理性层面的思考，更多的只是一种发泄或释放，这时，不管业务员的产品多么好，不管业务员的销售能力有多强，也不管业务员的服务多么周到，客户在信念层面早就把业务员屏蔽了。

一旦发现客户出现了负面情绪，业务员要尽快把客户的情绪转变过来。心理学上有一种方法很常见，能瞬间改变对方的信念，这就是“回应术”。熟练地运用回应术，可以转换客户背后不同的思维框架，轻而易举地解除客户的抗拒点。

上述案例中的女生非常有智慧，当老公和孩子产生负面情绪时，她不和对方探讨抗拒点，而是把问题转换到另一个框架中，从而让对方忽略当下争执的问题，瞬间就将对方的信念松动并改变了。

实战销售

先要认同别人，才能肯定自己

我认识一个女孩子，是书店里的一个营业员。开始时，她每月拿到手的只有1000多的保底工资，后来她学习了一些销售的方法和技巧，业绩大幅提升，每月拿到手的工资和提成有七八千。

她刚开始在书店工作的时候，有一天，看到一个顾客正在翻看我的书《老板去哪儿》，她非常热情地走过去：“先生您好，请问您要买这本书吗？”

顾客并不了解这本书，当时只是随便看看，营业员突然这么一问，使得他惊讶地看了她一眼，放下书转身走了。就这样，因为她的一个贸然举动，别人的需求欲望瞬间被浇灭了。

没想到那个顾客转了一圈后又回来了，盯着那本《老板去哪儿》，好像还想再看看。

后来，顾客拿起书又看了一点，开始主动了："这本书多少钱啊？一本书这么贵啊？"

顾客刚说完这句话，她马上就跟人家争辩起来，口若悬河地说了一大堆，最后，她虽然赢了争论，生意却没了。

后来，我碰巧遇见了她，就跟她聊了起来，并针对这个问题给她提了点建议："先要认同别人，才能肯定自己。"

在销售过程中，顾客出现一些抗拒点是非常正常的事，否则他肯定直接掏钱买书了。当顾客提出反对意见时，不要迫不及待地去解释、去争辩，要先认同别人，然后再讲书的优点。

当顾客抱怨"这本书卖得太贵了"时，应该先认同他："是的，这本书的价格是有点高。我发现您很有品位，一看就知道您是知识渊博的人。"

当顾客抱怨"这本书的包装不太好"时，也应该先认同他："没错，这的确是个问题。我发现您很有艺术修养，今后再有同样的问题时，您能不能当我们的装帧顾问？"要是售货员先去认同顾客，或许顾客就不会在乎包装，只在乎这本书的质量了。

当顾客抱怨"你们的广告做得不太好"时，更应该先认同他："是的，的确是这样。我发现您很懂得市场营销，能不能找机会到我们书店来，给售货员上一堂营销课？"

当顾客抱怨"一看就是一本盗版书"时，也要先认同他："是的，这本书可能看起来像一本盗版书。我发现您这个人说话特别幽默，一看就知道您肯定是个爱开玩笑的人。"

追问客户信念的来源，动摇客户固执的信念

不少业务员在销售过程中，不管怎么苦口婆心地说，客户始终坚持固有的信念，就是不愿意主动掏钱。只要客户的信念还没有松动，业务员就难以取得客户的信任，客户产生的抗拒就难以解除。

或者说，只要客户还坚守着原来的信念，那么他就会屏蔽外在一切相对立的信念，业务员就难以进入客户的信念系统中，就找不到任何说服客户的机会。只有动摇了客户的信念，才会有机会把产品销售出去。

在客户的整个信念系统中，要想动摇客户固执的信念，甚至撼动客户根深蒂固的观念，有一种非常有效的方法，那就是打破砂锅问到底地追问客户信念的起源。因为一个信念的建立是有起源的，在起源中寻找突破口再切入进去，就能轻而易举地动摇客户的信念。

只要客户还不完全确定，就不排除还有其他可能性；一旦出现了其他可能性，客户牢固的信念就开始松动了；只要解除了客户固有的信念，业务员就可以与客户成交了。

实战销售

如何让信念产生动摇

老师："请问您贵姓?"

学员："姓张。"

老师："你确定吗?"

学员："确定。"

老师："为什么你这么肯定?"

学员："因为我爸姓张。"

老师："你怎么确认你爸真的姓张？"

学员："因为户口本上写着我爸姓张。"

老师："那有没有一种可能，你爸以前不姓张，后来因为某种原因改姓了，只不过你不知道而已？"

学员："呃……"

老师："你说能排除这种可能性吗？"

学员："有这个可能性的存在。"

老师："现在回过头来再看一下，你能确定自己百分之百姓张吗？"

学员："不一定。"

上述案例中的学员，刚开始时确信自己就是姓张，这几乎是一个固不可破的信念。可是在老师刨根究底般的一番追问之后，学员固有的信念一步步松动了，最后理所当然地接受了"可能不姓张"这个可能性。

要是不破除客户根深蒂固的信念，那客户在这个信念下支撑的行为就不会改变，就根本不会有接受业务员任何思维的可能性，就没有掏钱买单的可能。一旦找到了客户信念中薄弱的环节，业务员只要轻轻一捅，即使客户态度再强硬，也能命中目标。

在跟客户谈单的时候，只有击败客户固有的信念，让客户建立起一个完全信任产品的信念，业务员才有可能与客户成交。其实任何一个行为的背后都有一个信念，例如客户产生成交行为背后的信念，就是相信产品能给他带来想要的好处。

要想成功地改变客户的信念，或者说成功地说服客户，就要让客户看到其他可能性。要是客户看不到其他可能性的存在，那么他固有的信念就不会有任何改变，业务员就难以解除客户在心理上产生的各种抗拒。

当客户产生了明显的抵抗，业务员只要以发问的方式在前面带着走就行了，这其实就叫"先跟"。一旦客户跟在业务员后面，趁客户不注意，业务员带着客户转到了自己想去的方向，这其实就叫“后带”。

在询问客户的过程中，业务员不仅可以了解客户的真实想法，还可以找到客户信念的薄弱环节。业务员要做的就是在整个销售过程中让客户看到其他的可能性，一步一步地动摇客户的信念。

实战销售

十四种回应术

有一次，一个公司的部门领导给产品经理安排了一个任务，要求他完成一个产品的策划设计。

产品经理思考再三，回复部门领导说：“我做不好这个产品的策划设计，因为我从来没有做过类似产品的设计。”

在日常生活和工作中，经常会听到类似的话，“我不能……”“我不相信……”“我不应该……”“我不可能……”其实这是一种限制性的信念，是对自我固有信念的一种认可，这种信念就像一条无形的绳索，在能力和行为方面限制了人的各种可能性。

下面是针对上述案例的14种不同的回应方式，最终目的是动摇对方固有的信念，促使对方在心态上发生改变，最终在行为上愿意做出改变。

1. 肯定对方的动机

分析：接纳、肯定对方的动机，但不一定接纳对方的行为。

回应：我很欣赏你对自己的诚实，我相信你一定对这个产品做过充分的评估。

2. 重新定义问题

分析：“我做不好……”是一个十分绝对的提法，似乎永远做不好。事实上，过去做不好或现在做不好，并不代表未来也做不好。因此可以用一种正面或者中性的提法来重新定义这种相对负面的提法。

回应一：你的意思是到现在为止，你还没有学会这种产品的策划设计？（用“到现在为止还没有学会”来重新定义“做不好”，暗示“学会了就能做好了”）

回应二：我非常理解，这个产品的策划设计对你来说是一个挑战。（用“挑战”来重新定义“我做不好”）

3. 另一结果

分析：让对方看到除了负面问题，还存在产生其他结果的可能性。

回应：做一个从未做过的产品策划，的确是一个挑战，但是你能够接触到很多新领域的知识。

4. 后果

分析：引导对方把注意力放在这个负面信念的结果上。

回应：接受这份忐忑不安，它会是你新的成长的开始。

5. 向下归类

分析：让对方指出具体的困难是什么，让对方的思考从一个很空、很虚的问题具体到一个一个细节。

回应：你认为哪个方面做不好？是不了解用户需求，不清楚用户操作的流程设计，还是觉得写文案很困难？

6. 怎么知道的

分析：对方陷入的困境可能是自己制造的，回应时应该引发对方对原因进行思考。当原因能够具体化，解决问题的思路也就清晰了。

回应：是什么让你认为你做不好这个产品的策划设计？

7. 反例

分析：发掘一个“例外”，动摇对方的信念。

回应：在你过去的经验中有没有这样的经历，就是某件事情你从来没有做过却做得很好？

8. 比喻

分析：通过一个故事或者比喻，帮助对方发现新的可能性。

回应：当我们还是不会走路的小孩子时，经过一次又一次跌倒和爬起来，最终学会了走路。

9. 向上归类

分析：将对方的问题向上归入一个更大的类别，创造一个更丰富的理解程度。例如将“我做不好”归类成“学习”，将“产品策划设计”归类为“新的创意”。

回应：任何一个新创意的提出，都有一个学习的过程，我想知道你的学习过程会有多久？

10. 准则层次

分析：用更重要的准则层次来审视对方的这个负面信念。

回应：这个产品项目的挑战，跟你想成为一名优秀产品经理的目标相比较，又算得了什么呢？

11. 反思其身

分析：借用对方的逻辑去推理，让对方感觉到两难，从而反省其信念本身。

回应：当你带着做不好这个产品策划设计的想法去做这个产品，结果会是什么？

12. 改变框架大小

分析：改变时间、空间、环境等框架，意义就不一样了。

回应：假如三年后你成为一名资深产品经理，你可能会感谢我三年前曾经让你做这个产品。

13. 另一个世界观

分析：说明其他人的想法，帮助对方发现其他可能性。

回应：你很幸运，其他部门的产品经理还没有机会来做这样的产品呢。

14. 超越框架

分析：跳出问题本身。

回应：这个问题并不重要，你需要的是学习产品管理的方法和工具。

当你熟悉了这些方法和工具，你就不会认为这个产品的策划设计是一个问题了。

给客户零风险承诺，解除客户所有的担忧

为了解除客户的抗拒点，给予客户零风险承诺，其实是所有销售技巧中最常用且最有效的一种。客户在购买产品前之所以产生抗拒点，就是因为还没有完全相信产品的好处，在客户潜意识的信念层面还存在不少顾虑。零风险承诺就是凭借产品过硬的质量，降低客户与业务员交易的各种潜在风险，打消客户内心的所有疑惑，一步到位地取得客户的信任。

站在客户的角度来思考，即便购买的产品真的不行，大不了退货而已，客户的损失几乎是没有的。更何况，敢于向客户做出零风险承诺的产品，从质量上来说肯定不是假冒伪劣产品，因而更容易取得客户的信任。

在解除客户抗拒点这个关头，零风险承诺给予客户更多的是一种肯定的信心与勇气，一个可以放心签单的充足理由。

实战销售

蟑螂不死，那就我死

一个在大街上卖蟑螂药的人，每天卖出的蟑螂药并不是很多。

之前，每当有顾客向他询问蟑螂药的效果怎么样时，他总会回答：“药效绝对好呀。只要你用了这个药，你家里的蟑螂肯定全都没有了，保证你家里干干净净的。”

然而，顾客一般不太相信他说的，很多人摇摇头就离开了。后来，有人给他出了个主意，叫他改变一下销售方法。于是，再有人问

他这个蟑螂药的药效怎么样的时候，他就拍着胸脯说：“你尽管放心就是，药效绝对管用。用了这个药之后，要是你家蟑螂不死，那就我死。”顾客听到他这样笃定的回答，心里没有了其他顾虑，很容易就相信了蟑螂药的药效。就这样，他的生意很快好起来了。

给客户承诺就是给客户安全感，让客户在没有任何风险的情况下，以完全放心的状态掏钱买单。上述案例中的老板在销售时就给顾客传递了一种非常确定的感觉，让顾客有足够的安全感，从而不会产生担心被欺骗的感觉。

客户在成交前会产生各种抗拒点，零风险承诺可以提高成交率，让业务员的业绩在原有的基础上有所提升。

要是没有零风险承诺，假如业务员成功地卖出去100个产品，而卖出一个产品的利润是100元，那业务员最后的业绩就是10000元。要是有了零风险承诺，成交率就可以大大提高了。假如业务员卖出去1000个产品，即便高达30%的客户选择了退货，相当于业务员真正卖出去的产品有700个，那最后的业绩也高达70000元。

为什么有些业务员的产品明明很好，但就是难以卖出去呢？为什么好不容易来了个客户，但始终不能成交呢？其实就是因为业务员没有化解掉客户的担忧，客户不确定这个产品到底怎么样，担心因为买错了而承担一定的经济风险。

客户在选择购买一款产品时，很多情况下是凭借自己的一种感觉。谁的产品让客户更放心，谁能让客户觉得更靠谱，谁承诺的风险更低，客户往往就会选择向谁购买。

实战销售

零风险承诺就是让客户没有后顾之忧

有一家酒店为了提升客房入住率，想出一个别出心裁的方法。

当客人入住酒店时，服务员告诉客人睡觉前可以把鞋子放到门外，有服务生会在夜里把鞋子擦拭干净。第二天早上起来后，客人看到自己的鞋子被擦得锃亮，非常开心。

然而，有一些客人对此非常担忧，心里面总有些不放心，于是问酒店的老板："要是鞋子丢失了怎么办呢?"

老板拍着胸脯对客人说："万一鞋子丢失了，这个损失全部由酒店来承担。"

经客人们口口相传，没过多久，这家酒店的生意就好起来了，而且越来越好，极少出现鞋子丢失的情况。

当客户不了解某个业务员，或者业务员出现了竞争对手时，客户在潜意识中就会进行风险评估。谁能让客户感觉更踏实，客户就会选择跟谁打交道。

上述案例中的酒店老板就非常有智慧，当客人产生各种各样的担忧时，酒店老板不是跟客人计较由谁来承担责任，而是以非常过硬的服务质量不让客人承担任何风险，客人自然愿意选择来这里了。

其实，业务员做出零风险承诺，更多的是给客户传递一种信心，让客户更加相信产品的价值。

实战销售

零风险承诺操作形式

有关零风险承诺的操作形式，以下几种方式可供参考：

1. 不满意就退款，只收一部分手续费或邮费。

2. 不满意100%退款，所有费用我们承担（这种形式比第一种更好）。

3. 如果您感到不满意，我们会在一定期限内100%退款，无任何费用，您不需要回答任何问题。

4. 如果您感到不满意，我们立刻无条件100%退款。即使您退了货，我们仍然是朋友。

5. 如果您感到不满意，我们立刻无条件100%退款。即使您退了货，您仍然可以保留我们送给您的珍贵礼品。

6. 您不用花费任何费用，先用产品，满意后再付账。

如何解除客户认为产品太贵的抗拒点

在销售过程中，客户经常会抱怨产品的价格太高了，很多业务员被逼无奈，只好一步步降价。这样一来，即使销售了不少产品，最终的业绩总和还是比较低。

其实，客户之所以会觉得产品太贵了，一方面是由于业务员没有塑造出产品的价值，使客户感觉产品最多只值某一个价；另一方面可能是客户的购买力相对较低，根本消费不起这个价格层次的产品。不管客户认为产品太贵的原因是什么，他在潜意识中的一个想法就是想讨价还价，想在有购买欲望的前提下把价格砍到最低。要是客户觉得产品的价格太高了，就说明这个客户的订单随时可能会流失。那么业务员究竟该如何解除客户的抗拒呢？

一些业务员在销售的时候，一碰到客户抱怨产品太贵了，因为不知道如何解除客户的抗拒点，而价格又不可能再降了，只能眼睁睁地看着客户流失。好不容易快要成交了，却在临成交前功亏一篑，一些业务员在成交受阻时，经常会跟客户一样，抱怨产品的价格太贵了，根本就难以卖出去。

为什么一些价格更高的产品，别人却可以成功地卖出去呢？这说明并不是产品的价格太高了，而是业务员没有掌握销售的方法。当业务员找到了解除客户抗拒点的方法，就不会认为产品太贵而卖不出去了。

实战销售

改变客户的身份，解除客户认为价格高的抗拒点

有一个顾客走进一家书店，在书架上挑选了一些书，又拿起一本《老板去哪儿》，仔细地翻阅了一下书的内容。然后他拿着书，向销售员询问："这本书多少钱？"

销售员微笑着说："40块钱一本。"

顾客瞥了一眼："一本书要40块钱，这也太贵了吧？要在网上购买，顶多也就二十几块钱。"

销售员冲着顾客点头微笑："是的，先生。能在书店买这本书的人，全都是像您这样有档次、有品位的人。"

更加重要的一点是，当销售员说完这句话的同时，他把这本书"啪"的一下放到了客户的手里。

此时的顾客手里拿着这本书，心里开始犯嘀咕："今天我不买这本书，是不是就没档次、没品位了？"

最终，这个顾客把书往旁边一放，掏出了钱包："好，把这本书给我包装好。"

上述案例中的销售员碰到顾客抱怨书太贵的时候，巧妙地运用身份定位解除了顾客的抗拒点，不知不觉地让顾客认可了销售员给予他的身份，“逼着”顾客产生了成交的行为。要是顾客还觉得贵而不购买，似乎就跟销售员给予他的这个身份不相称，最终就掏钱购买了。

一个具体的环境框架由时间、空间及角度构成，改变客户的身份就是改变框架中的角度。当客户在另外一个新的框架中思考时，对产品值多少钱这个看法就会改变，从而动摇了头脑中“价格太贵”这个看法。

实战销售

采用周期分解法，解除客户认为产品贵的抗拒点

在一家品牌包专卖店里，一个顾客进店后，一直盯着一款非常漂亮的包。

顾客：“这个包的价格是多少？”

导购员：“您好，这款包的价格是3600元。”

顾客：“这个价格太高了，能不能打点折？给我便宜一点。”

导购员：“不好意思，这款包是进口的品牌包，已经是最低的折扣价了。”

顾客：“还是太贵了，要是能便宜点我就买了。”

导购员：“小姐，这款包的折扣价已经非常实惠了，其实算下来一天也就几毛钱，而且这款包的品质也是非常好的，您用三年都不会有任何问题，绝对物超所值。”

顾客思考片刻后说：“好吧，帮我打包吧。”

在解除客户认为产品价格太高的抗拒点时，还有一种较为常见的方法就是周期分解法。一个产品的总价格给客户的感觉或许是太贵了，但如果把价格分解到每一天当中去，似乎就变得非常便宜，在感觉上就更容易让客户接受了。

其实，只要改变了客户背后所处的框架，就能轻而易举地解除客户的抗拒点。周期分解法就是改变框架中的时间，把付款的时间线尽可能拉得更长一点，从而把价格分解到足以让客户接受为止。

上述案例中的导购员非常有智慧，当她发现顾客对品牌包产生了价格太贵的抗拒时，就巧妙地运用周期分解法，以一个“一天也就几毛钱”的价格，让客户轻松地实现了购买。

不管是买房、买车还是买手机，商家通常会采用一种屡见不鲜的销售方法，就是“分期付款”。分期付款的本质其实就是周期分解法，让接受不了高价格的客户轻松地接受了一个“日付或月付”极少的价格。

当然，客户在选择购买一款产品时，更多在乎的是产品的价值，而不只是产品的价格。只有在价值得到保障的前提下，客户才会讨价还价地在乎价格。

一旦遇到抱怨产品价格太高的客户，业务员如何采用具体的话术来回答？下面几个方法是网上较为常见的，供各位读者参考使用。

实战销售

解除客户抗拒点的方法集锦

在销售过程中，业务员往往会遇到以下几种情境：

1. 你们的产品价格太高了。
2. 我今天不买，过些天再买。
3. 我再转转，以后再说。
4. 你不用讲太多，就说你多少钱能卖吧。
5. 我今天不买，等你们做活动的时候再买。
6. 价格已经到底线了，客户还在拼命杀价。

遇到这些情况，该怎样去应对呢？

销售情境一：你们的产品价格太高了。

错误应对：

1. 价格好商量。

2. 对不起，我们是品牌，不还价。

问题诊断：

任何人买东西都想便宜点，这是人们的一个正常消费心理，价格并不是人们决定买不买的主要问题。销售人员在接待客户时，客户会提出成百上千的问题，但将这些问题进行归纳分类，其实只有两种问题，那就是真问题和假问题，而很多销售人员并不知道客户的问题中大多数都是假问题。

客户问“能不能便宜点”就是一个典型的假问题。“能不能便宜点”只是所有消费者的一个习惯用语，作为一个有经验的销售人员，根本没有必要就“能不能便宜点”与客户讨价还价，而是应该在客户关心价格的时候引导客户关注价值。

本例中的第一种回答是一种不战自溃的消极销售行为，第二种回答则是一厢情愿地强迫客户意愿的武断行为，很难令客户接受。

策略：

当客户关心价格的时候，销售人员应当因势利导，引导客户关注商品的使用价值，把客户关心产品“贵不贵”改为关心产品“值不值”。

语言模板：

1. 先生，买东西不能只考虑价格。您之前有没有用过同类的商品？您知道，便宜的商品用一段时间可能就会出现质量问题。比方说自行车，便宜的自行车骑几个月就会出现问题，链条会掉，脚踏也会掉，骑起来很费力，除了铃铛不响哪里都响。要是买一辆好的自行车，比如捷安特，您骑两年都没问题，又安全又轻松。其实我们的产品和自行车一样，都是一分价钱一分货。我觉得无论买什么东西，耐用性和安全性才是最重要的，您说呢？

2. 如果您觉得这款产品的价格不合适，我给您介绍另一款性价比更高的。

销售情景二：我今天不买，过些天再买。

错误应对：

1. 今天不买，过几天就没了。

2. 反正迟早都要买，不如今天买了就算了。

问题诊断：

客户说“我今天不买，过些天再买”一定是有原因的，而本例中的两种回答都有点一厢情愿，难以引起客户的共鸣。

策略：

销售人员只有找到客户不买的真实原因并加以正确引导，才能够让客户回心转意。

语言模板：

1. 今天不买也没关系，我可以先为您介绍一下我们这个产品的基本知识，等您过两天想买的时候，心中就有数了。

2. 好的，没关系。过两天您想买什么样的呢，是豪华款还是简易款？

销售情景三：我再转转，以后再说。

错误应对：

1. 转到哪家不都一样吗？

2. 不要再转了，您要诚心想买，我再给您便宜点。

问题诊断：

1. 说“转到哪家不都一样吗”，强留客户的理由太简单，无法打动客户。

2. 说“不要转了，您要诚心想买，我再给您便宜点”，虽然对挽留客户能起到一定作用，但是给客户讨价还价留下了伏笔，接下来会使销售人员陷入被动。

策略：

当客户说“我再转转”，这可能是一种心理战术，也可能是没有找到中意的产品。销售人员首先要判断客户是哪种情况，然后针对性地进行引导。

语言模板：

先生，您是不是对我的服务不满意？（客户一般会回答“不是，是你们的东西太贵了”）您最看中的是哪款商品？您买到一款喜欢的商品不容易，我发展一个客户也不容易，您有什么要求请直接告诉我，我一定会让您满意的。（如果客户回答“不是，是没有我喜欢的款”）请您等一下再走好吗？您最喜欢的款是什么样子的？（等客户说完，把他带到相似的商品前）

销售情景四：你不用讲太多，就说你多少钱能卖吧。

错误应对：

1. 最多只能给您让 20 块钱，不能再让了。

2. 那就 270 块钱吧，这是最低价了。（报价 298 元，第一次还价到 280 元）

问题诊断：

客户说“你不用讲太多，就说你多少钱能卖吧”，恰好证明客户想买这款商品，销售人员这时应当着重介绍这款商品有哪些适合客户的地方和这款商品的优越性，而不是一味地消极让价。

策略：

客户关心的永远是价格，而销售人员要演绎的永远是商品的价值。只有让客户看到价值大于价格，让客户感到物超所值，客户才不会也不敢一味地追求低价格。

语言模板：

先生，价钱不是最主要的。您买一款商品至少要用几年，我完整地给您介绍这款商品最多只要三分钟，您听我用两三分钟讲完再决定买不买可以吗？要是销售人员三言两语就叫您买，那是对您的不负责任。万一您买回家又后悔了，她们会把钱退给您吗？

销售情景五：我今天不买，等你们做活动的时候再买。

错误应对：

1. 促销活动不是人人都能有机会的。

2. 无言以对。

问题诊断：

本例的第一种回答虽然比较真实，但缺少策略，无法让客户回心转意。

第二种情况是销售人员比较消极，不知道如何应对。

策略：

促销活动有一个特点，就是在活动期限内，销量会有所增加或明显增加，但在活动之前和活动过后的一段时间内，销量很不景气。原因就是活动之前的广告和宣传会使消费者持币待购，而活动期间积聚的人气和销量也透支了活动过后相当一段时间内的销售。一名职业的终端销售人员最主要的职责之一，就是引导每一个进店的客户做出正确选择并及时消费。

语言模板：

可以的。您是怎么知道我们过两天有活动的？（等客户回答之后）哦，您看中了我们的哪款商品？（客户想买搞促销活动时的那款商品）那您买这款商品的主要用途是什么呢？每天用到的时间是不是比较多？（经过一番问答，尽可能根据客户的生活需求否定客户购买促销商品的想法）我刚听您说了您对商品的使用需求，我可以负责任地告诉您，我们搞活动的商品并不适合您生活当中的需要。比如说商场里的某件服装打折促销，价格很诱人，但是它是男装，而且您家里人根本不喜欢这种款型，您还要买吗？所以说，搞活动的商品不一定是您需要的商品。不论花多少钱，重要的是买到适合自己的商品，您说对不对？其实，根据您刚才的介绍，我觉得另一款商品才是您真正需要的。

销售情景六：价格已经到底线了，客户还在拼命杀价。

错误应对：

1. 关于价钱我们已经让到底了，不能再让了。

2. 再让我们就没钱赚了。

3. 我作为销售人员，只有这个权限给您这个价。

问题诊断：

有时，不是客户不相信价格，而是找不到“买单”的台阶。上例中销售人员的三种回答反映出一个共同的问题，那就是直白且对立的话语容易使销售人员和客户陷入不肯让步的死胡同。

策略：

一个优秀的销售人员除了要了解客户的外在需求外，还要了解客户的内在需求。客户都想购买物美价廉的商品，这是每个销售人员都明白的常识，但是客户除了有花最少钱买最好东西的需求外，还有渴望被尊重、被赞美以及对安全感的需求，这些就不是每个销售人员都能领悟的。

语言模板：

1. 先生，我也是消费者，我非常理解您，我们挣钱都不容易，都怕买到一个根本不值那么多钱的商品。先生您放心，如果您买回家后发现这款商品的价格比别人家高了，我们双倍把钱退给您。如果您还是不相信的话，我可以给您写个证明，毕竟买卖双方相互信任才是最重要的。先生，请您到这边来，我先教您填三包卡。

2. 看得出来您是个特别会过日子的人。不论是买东西还是日常生活，就应该像您一样，把每分钱都花在刀刃上。如果给您的价格还有一分钱的商量余地，我一定不会让您为难的，也请您能理解我们。其实我们现在也非常不容易，毕竟竞争越来越激烈，利润越来越薄。可能您没有想到，我们在这里卖东西也是有经营成本的，去掉一大堆成本和费用，我们能挣到的钱可以说是真正意义上的薄利多销了。最关键的是我们还要承担您购买这件商品之后的售后服务，三包期内好多项目对您来说都是免费的，但对我们来说都是有成本的，所以说您买的不是一件商品，而是一种信任。现在请您跟我到这边来一下，我先教您填三包卡，这样售后就有保障了。

提供产品附加值，推动客户购买

有一个男生向女生求婚时，女生并没有当场答应，而是产生了一点小抗拒："只要你能把烟戒掉，我就答应嫁给你。"而男生并没有把烟戒掉，只不过多讲了几句暖心的话，女生还是嫁给了男生。

业务员向客户销售产品时，客户可能会因产品的价格等因素而产生各种各样的抗拒点，导致业务员始终无法与客户成交。如果客户购买的意愿不是非常强烈，极大一部分原因是客户认为产品的价值和价格不匹配。

要想解除客户认为价值和价格不匹配的抗拒点，要么是把产品更高的价值塑造出来，要么是给客户提供产品更多的附加值。

一些业务员在跟客户谈单时，客户因为价格太贵而不肯掏钱："只要你能便宜 2000 元，我现在就定下来。"可有些业务员在价格上没有让步，没有把产品的价格降下来，只不过送了客户几百元的礼物，客户就把订单给签了。

当客户提出购买意向时，其实成交的概率已经有 99%了，只要业务员把客户剩下的 1%的抗拒点解除了，就能轻而易举地成交了。

实战销售

提供产品的附加值，满足客户贪便宜的心理

美女小张自主创业，开了一家木门专卖店。对于店面的装修布置，小张可是费了一番心思。

在她的专卖店里，除了各种样式的木门以外，还陈列着许多物品，有靠枕等小件家居用品，也有各种各样的锁具，还有很多小工艺品。店里的物品非常多，使得她的小店显得拥挤杂乱，可是店里的生意却非常好。

一次，一位客户到小张的店里购买木门，双方经过一番讨价还价后，客户感到有些疲惫，就坐下来喝一杯茶。他发现茶的味道非常好，便忍不住问小张："这杯茶里用的是什么茶叶?"

这时，小张拿出一包茶叶，慷慨地送给了客户。客户意外得到小张"买一送一"的馈赠，觉得自己占到了便宜，十分爽快地就交款了。

其实，小张买了很多茶叶存在店里。如果客户是带着孩子一起来的，那么她可以送的东西就更多了。然而小张并不会主动地给客户送东西，而是等客户看中了店里的某一样东西提出要买时，她才会非常"慷慨"地送给客户。

事实上，有不少客户在选择了产品之后，也奇怪店里为什么会摆放那么多东西，都会问小张是不是可以送点什么，因为客户感觉自己和小张做了笔大生意，总想让小张赠送一点东西。小张就是利用客户这种想占点小便宜的心理，故意不说这是赠品，而是在客户提出要求后，装作非常"慷慨"地送给客户。

在这种情况下，客户反而觉得自己占到了便宜，掏钱购买的意愿就大大增强了。

上述案例中的小张在与客户打交道时，就非常懂得通过给客户提供附加值来推动客户更快速地产生购买行为。

当客户从价格上判断产品值不值的时候，凭借更多的是一种主观上的感觉。只要业务员能把客户判断产品价格时的感觉把握住了，让客户感觉到想要的价值与付出的价格对等，那么客户在潜意识中的抗拒点就可以被轻松解除了。

人们经常可以看到一些商店在促销活动中提供各种附加值，比如优惠打折、免费送货、增值服务，这些都可以让客户产生“追求快乐”的感觉，从而更容易促成最后的成交。

业务员为客户提供更多的附加值，并不是在介绍产品时就和盘托出，以吸引客户的眼球，而是要在临成交时才以“惊喜”的方式出现，否则业务员提供的附加值就没有价值，不过是勾引或者讨好客户的赠品。

附加值的作用更像一种催化剂，是解除客户抗拒点的撒手锏，可以加快客户掏钱的速度，而不是讨好客户的兴奋剂。业务员在前期介绍产品时，更多要做的是根据客户的需求把产品的价值塑造得更高，而不是一味地去讨好客户。

实战销售

提供附加值，锁定客户

小刘在县城里开了一家餐馆，地理位置很不错，因为旁边有大小不同的两个小区和一个幼儿园，可以带来不少客流量。

然而，有一件事情让不少家长甚为烦恼，就是幼儿园一般下午4点钟就放学了，而工薪阶层一般要在5点以后才下班。中间这一个多小时的时间衔接不上，上幼儿园的孩子怎么办呢？无数家长为此苦恼不已。

看到这个情况，小刘在饭店的二楼腾出一块地方，又用心装修了一下，可以让那些小孩子在里面尽情地玩耍。

小刘对待小孩子的热情，受到附近不少家长的欢迎。慢慢地，越来越多的居民有事时就会把小孩子搁在店里一两个小时。

有人对此感到纳闷，询问小刘：“这些小孩子都白看吗？收不收取一些费用呢？”

小刘说："我不收任何费用，这不过举手之劳。其实不少家长来接孩子的时候，顺便就在餐馆里面吃了晚饭，或者直接从这里打包回去。毕竟不少人都是工薪阶层，回家后没有多少时间做饭，就干脆在这里吃完或打包了。"

上述案例中的餐馆老板小刘面对顾客，就成功地运用了一个增加附加值的销售方法。当顾客来店里消费时，不仅觉得每天来吃顿饭比较值，还能把孩子托管到餐馆，很能满足自己想要的好处，自然就非常愿意来吃饭了。

第七章　潜意识销售的服务：如何持续消费或转介绍

没有后续服务的销售，就是一锤子买卖

从实践中创业成功的企业家，绝大多数都是做销售出身的，开发市场的经验非常丰富，知道如何“以点成面”地打市场。其实，每个客户的背后都有一片巨大的市场，关键就看业务员如何把这片市场开发出来。

每一个懂得销售的人都明白，成交并不是销售的结束，而是服务客户的开始。

我曾跟一个朋友聊天，在整个交谈过程中我发现，朋友总是抱怨自己的妻子结婚后过于挑剔，无论什么都喜欢拿过去的承诺来说事，动不动就说以前朋友答应过的名牌包包或房子、车子……

当我了解了具体情况后，开玩笑地回复了朋友一句：“现在夫妻关系变得紧张的原因，就是因为你当初承诺的好处没兑现。以前，为了与女朋友结婚，你一个劲儿地承诺各种好处，让对方完全相信了你。可是结婚之后，女生发现你曾经承诺的好处并没有兑现，人家当然不愿意了。只有开始的销售，却没有后续的服务，必然会导致现在的结果。”

实战销售

吃香的，喝辣的

一个男生为了追求心仪的女生，把女生约到一家高档餐厅，点了很多女生喜欢吃的东西。

看到饭桌上的女生吃得开心，男生掏出了早已准备好的戒指："亲爱的，嫁给我好吗？"

女生思忖再三，有些不太确定地问："我要答应嫁给你，你能保证以后给我想要的生活吗？"

男生拍着胸脯承诺道："亲爱的，请相信我，我保证让你每天吃香的喝辣的。"

女生相信了男生承诺的好处，害羞地点了点头，与男生"成交"了。

婚后的一天，女生跟男生在一家路边摊吃东西，向男生抱怨着："你以前答应过我，让我每天都吃香的喝辣的，当初你给我的承诺难道是骗人的吗？"

"亲爱的，我并没有骗你呀。"男生吃了一口麻辣烫，"我是每天让你吃香的喝辣的呀。难道家里的米饭不是香的，现在吃的麻辣烫不是辣的吗？"

女生听了，满脸惊异的表情。后来她感到自己被骗了，提出了离婚的要求。

销售和骗术的原理有相似之处，都是让对方相信想要获得的好处，而二者的区别在于是否真的能兑现好处。

上述案例中的男生当初追女生的时候，其实就是在拼命地销售自己，几乎把所有的销售技能都用上了，甚至不惜跟对方打起了感情牌。只不过在与女生“成交”以后，后续的“服务”没有及时跟上，结果女生就要求“退货”，提出分手或离婚。

为什么以前能追上女生，现在却闹出各种矛盾了呢？这说明某个环节出了问题——虽然男生的“销售”能力没有问题，但是“服务”没有做到位。绝大多数业务员在开发市场时并不是败在没有销售能力，而是败在成交后的服务能力上，他们不懂得如何做市场的深度。

上述案例中的男生就是因为“服务”没跟上，始终兑现不了当初给女生的承诺，然后还想用一个假的好处来满足女生，这必然导致女生要“退货”离婚。

与客户成交后的服务是为了留住客户，避免客户流失到竞争对手那里。做好后续服务不仅可以挖掘客户背后的资源，而且还能让客户产生持续消费。销售中的成交是只收一次钱，销售后的服务是持续收钱。

要是只做一锤子买卖，销售的生命力是有限的，因为没有锁定已经成交的老客户，更没有从老客户身上深度开发，这无形中会增加开发市场的成本，必须持续不断地开发新的客户才能有新的业绩。

实战销售

大有学问的会员卡

以前，温州有一个做餐饮的老板，店里每天非常冷清。

尤其在老顾客的问题上，老板不知道如何才能提高老顾客的回头率。怎么样才能吸引老顾客来重复消费，并转介绍一些新顾客呢？

后来，他在营销方案上做了一个小小的改动，实行了办会员卡有巨大优惠的会员制，鼓励更多的老顾客办理长期消费的会员卡。

以前主要是卖产品，现在是卖会员。顾客在店里消费过，就要想办法把顾客留住，使他们成为可持续消费的顾客。

要通过各种后续服务，跟客户产生更多的连接点，以最有效的方式锁住客户。如今，不少公司为了更好地锁定客户，而不是只做一锤子的买卖，想出了不少办法，比如赠积分卡、贵宾卡、会员卡等，都是用各种后续“优惠”服务来留住客户。

在为老客户服务时，为了能长期锁定老客户，业务员通常会采用各种优惠方式。这样一来，或许可能让出了不少利润空间，实际上却减少了很大的开发新市场的成本。因为把这部分成本返给老客户，让老客户来帮助转介绍新客户，比花这部分钱雇一些新的业务员来开发市场要好得多。

其实在为老客户服务的时候，只需在与老客户的紧密度和老客户的满意度方面做好就行了。所谓紧密度，就是要与老客户产生持续的连接与消费；所谓满意度，就是要持续不断地满足老客户的各种需求。要做到这两点，一方面要跟老客户定期联络，另一方面要持续关注老客户，对老客户实行跟踪服务。

1. 定期联络，获得认可

与客户的紧密度和客户的满意度是老客户转介绍新客户的关键，业务员需要对老客户的详细情况进行全面了解，可以针对成交过的客户建立客户档案。其主要内容包括客户的姓名、性别、爱好、性格、年龄、生日、家庭情况、职业、收入情况、联系电话、时尚类型、消费行为特点、工作单位等。

尤其在与客户的紧密度方面，业务员要经常主动联系客户，让老客户感觉到被尊重，比如节假日时赠送礼物，客户生日时送上鲜花与贺卡，给客户意外惊喜等；或者邀请老客户参加公司的各种活动，比如感恩年会、客户联谊会、组织旅游等。

2. 持续关注，跟踪服务

对待老客户，业务员除了常规的日常维护，还需要增加“超值”回报。比如在客户消费后，每年为客户提供定期“体检”，提供免费的相关服务，如首饰清洁、免费维修等等。

要定期跟踪好老客户，了解老客户的一些进展，通过电话联系、上门拜访、活动邀约等形式主动询问老客户的情况，并做好相应跟进。

与其忙着开发新客户，不如服务好老客户

只要在市场上从事过销售的人，都知道开发一个新客户的成本是多少。有不少业务员在开发市场时就跟猴子掰玉米棒一样，掰完一个就扔掉一个，结果每天都在外面跑市场，把自己累得疲惫不堪。

实际上，开发一个新客户所要投入的成本，是为一个老客户做好服务成本的27倍。更何况在具体销售中，老客户说一句话比业务员说一百句话还要管用，更容易取得新客户潜意识层面的信任。

在掌握客户资源的数据库里，老客户的资源绝对比业务员要多；在与新客户成交的过程中，老客户的说服力绝对比业务员要强。作为一个从事市场开发的业务员，老客户的优势明显要强得多，怎能白白地浪费如此多的客户？

老客户就是一座金山，关键看业务员怎么处置。是放在一旁不管不顾不问，还是把老客户资源的深度做到极致，甚至像核裂变一样地开发出新客户，就看业务员以什么样的态度和方式对待老客户。老客户是一座蕴藏丰富的金矿，业务员原本用很低的成本就可以拥有这座金矿的“无限开采权”，不少人却白白浪费掉了。

做业务最忌讳的就是孤立地做，一定要形成全局的思维体系。一旦为老客户服务好了，不仅可以让老客户持续消费，还可以开发老客户身边的资源。

不懂得做销售的人，每天只是东奔西跑地开发新客户，一旦与这个客户成交了，马上去开发下一个；而懂得做销售的人是通过老客户的优势借力打力，把老客户身边的资源转换成新客户，从而达到市场裂变的惊人效果。

实战销售

重视老客户的航空公司

一架有268名乘客的新加坡航空公司客机，终于抵达了菲律宾国际机场。

当所有乘客下飞机取行李的时候，惊讶地发现传送带上传送过来很多圣诞礼盒。这些礼盒制作得非常精美，每个礼盒上都写着乘客的姓名，乘坐本次航班的乘客几乎每一个都找到了写着自己名字的礼盒。

新加坡航空公司对此表示，只是想在圣诞节来临之际，让公司的会员获得一份惊喜。

新加坡航空公司抓住了一个核心，就是以各种方式为以前的老客户做好服务，让乘坐过本公司航班的乘客感到满意。

只要曾经消费过的老客户因诚挚的服务而对业务员非常认可，自然而然就会主动帮助宣传，甚至在身边的人有需求时会帮业务员转介绍，根本不用业务员花费更多成本去开发新客户。

绝大多数业务员在跑市场时认为当务之急是快速抢占市场，既然老客户已经成交了，那就不用在老客户身上再花费更多的时间和精力，应该把绝大部分时间与精力放在开发新市场上。

如此这般地做销售，最后的结果会是什么呢？

结果就是，不管是对老客户，还是对新客户，业务员都是费力不讨好。一方面，由于后续服务没有及时跟上，或者服务的质量不是很好，老客户存在各种意见；另一方面，因为开发新客户相对困难，业务员马不停蹄地联系了许多客户，新客户却没有成交多少。

任何营销或者销售，其核心就是解决客户信任的问题。作为一个业务员，究竟取得陌生人的信任容易，还是取得身边熟人的信任更容易？事实证明，从老客户身上开发出来的新客户，可以省掉成交前解决客户信任问题的成本。

例如做促销活动时，业务员可以花费10块钱成本，通过做广告、寄样品、打折、送礼品，吸引更多新客户，使客户第一次就花50块来购买产品。但是，业务员也可以花费0.5元成本，给以前成交过的老客户寄一封信，表达对他们的感激之情以及希望他们再次购买的愿望，从而使这些老客户第二次、第三次花50块钱来购买产品，甚至转介绍身边的朋友来购买产品。

新加坡航空公司非常懂得销售，他们抓住圣诞节这个时间点，以极少的成本为老客户做好了服务，从心理上牢牢地抓住了一批老客户。这就是与其投入10元成本大做广告宣传，不如花费0.5元成本为老客户做好服务，让老客户主动重复消费或者帮忙转介绍。

实战销售

海尔如何服务于老客户

一次，一个海尔家电的维修服务人员接到一个老客户的抱怨电话，说海尔的洗衣机不经用，没用多长时间就坏了。

维修人员不敢怠慢，迅速上门帮助客户检查洗衣机。经过一番仔细检查，发现原来是北方地区的农民居然用洗衣机洗地瓜，由于地瓜上面的泥土太多，堵塞了洗衣机的排水口。

维修人员没有因此指责客户使用不当，而是以最好的服务态度维修好了洗衣机，并表示会把客户的具体意见反馈给公司。

没想到，老客户对洗衣机这种“过分”的要求，竟然引起了海尔公司高层的高度重视，海尔公司的员工也思考着，怎样才能满足北方农民用洗衣机洗地瓜的需求呢？

后来，公司着手研发了一种新型的洗衣机，既可以用来正常地洗衣服，又可以供北方的农民洗地瓜。

要想为老客户做好服务，不仅要使老客户更加舒服，还要满足老客户的各种需求，这样才能赢得老客户的忠诚度，也利于开拓更庞大的新市场。海尔在服务于老客户的同时，不仅留住了原来的老客户，还催生出了新产品。

老客户一旦出现了不满意，或对产品产生了抱怨，那整个市场就会不稳定，甚至会使老客户严重流失，导致市场成片地萎靡不振。

当业务员对老客户还不够重视时，不妨仔细看看下面这些数据。

1. 发展一位新客户的成本是挽留一个老客户成本的27倍。

2. 客户的忠诚度下降5%，企业的利润将下降25%。

3. 向新客户推销产品的成功率是15%，向老客户推销产品的成功率是50%。

4. 如果每年客户的保持率增加5%，利润将达25%—85%。

5. 60%的新客户来自老客户推荐，20%的客户带来80%的利润。

为老客户服务好的目的，就是重复消费或转介绍

服务不跟踪，销售一场空。

老客户是业务员手中最宝贵的资源，也是认可业务员和产品的特殊群体。在为老客户服务的时候，业务员要具备“全局”思维，不仅要满足老客户想要获得的需求，还要从老客户身上深度开发市场。

业务员用心服务于老客户可以保持长期的连接，以最低的成本维护好已开发出的市场，甚至用稳定的老市场撬动陌生的市场。在开拓新市场

时，当业务员学会了借力使力，销售就不那么困难了。

业务员在跟老客户产生持续连接时，一方面，可以随时了解老客户的需求，让老客户产生持续的消费行为；另一方面，可以获得老客户的深度认可，使老客户成为自己免费的“业务员”。

为老客户服务的最终目的，一是牢牢地锁住老客户，不让老客户被竞争对手撬走，让老客户不断地产生重复消费；二是获得老客户的支持，开发老客户背后的客户资源，让老客户主动帮助转介绍新客户。

一旦老客户能够持续地重复消费，或者能帮助转介绍新的客户，那业务员所开拓的市场就可以越做越大，甚至建立起持续盈利的运作模式。即便业务员某一天放缓脚步停歇下来，老客户还是会源源不断地掏钱买单。

实战销售

吸引老客户重复消费

张三非常喜欢喝茶，一直都喝20块钱的茶叶。正好附近有一家开张不久的茶叶店，张三隔三岔五地就会去买点茶叶。茶叶店的老板每次看到他来，都会私下送他半两好茶。

平日里，张三只喝自己买的茶叶，而把茶叶店老板送的好茶都攒起来，只有家里来了贵客时，张三才把它拿出来招待客人。

有一次，张三在家里闲着没事，泡了一壶好茶品尝起来，结果喝完就上了瘾，再也不喜欢喝20块钱的茶叶了。

后来，不管张三每次买多么贵的茶叶，老板都会主动送他半两更好的茶叶。半年之后，张三花在茶叶上的钱竟然是原来的十倍之多。

上述案例中的茶叶店老板很有智慧，他为老客户所做的每一次服务都在促使老客户重复消费，甚至不断激发出老客户选择更好产品的欲望。每次老客户购买茶叶时他都免费送点更好的茶，表面上看似增加了不少为老客户服务的成本，其实从下一笔生意中他可以翻倍地赚回来。

只要业务员学会算一笔开拓市场的账，就知道借老客户来稳固旧市场、开发新市场，其实是最廉价、最有效的方式。试想一下，或者公司投入大量资金聘请一批业务员跑市场，或者投入少量资金为老客户做好服务，让老客户主动重复消费或者转介绍，哪一种方式的成交率会更高一些？

要是业务员在为老客户服务方面没有自己的优势，那客户的稳定性就不是很高，就随时都有可能流失，甚至还会把钱掏给竞争对手。为老客户做好服务，其实就是稳定市场，给老客户一个可以重复消费的理由。

实战销售

老客户重复消费，就是在重复印钞

有一家卖高档男士商务装的服装店，由于店里服装的价格太高，除了老客户偶尔介绍一些新客户外，几乎没有新的客户进店买衣服。

为了改善店里的生意，服装店的老板想出一个为老客户做好服务的办法：凡在本店办理会员卡的客户，每个月可以免费干洗在本店购买的衣服。普通会员卡 1 次，银卡 2 次，金卡 3 次。从此以后，服装店的生意出现了转机，并且越来越好了，不仅很多老客户会再次光临，还会主动带一些朋友来逛店。

老客户从店里购买了衣服后，每个月都会拿过来免费干洗一次。而每次来取衣服时，都会在店里随便逛逛，看看新款服装。次数多了以后，绝大多数老客户都会选择再次购买。

对一些不可重复消费的产品而言，如何长期、有效、牢固地锁定老客户，关系着公司和个人业绩的生命线有多长。要是没有维护好已经打下来的市场，客户就会迅速地僵化甚至流失。

服装店老板就是凭借优质、免费的售后服务，定期、有效地跟老客户产生了消费连接，并在持续不断的连接中寻找到老客户的需求点，从而以各种方式让老客户产生重复消费。甚至在为老客户服务的成本投入上，服装店只是提供了一个小小的增值服务，即每月免费为 VIP 老客户干洗一次，就轻而易举地让老客户主动跑到店里来，从而创造了让老客户重复消费的机会。

只要用心为老客户服务，得到了老客户的高度认可，不仅能让老客户重复消费，而且还能让老客户转介绍。要知道，老客户潜意识中是非常愿意帮助转介绍的，因为每一个客户都希望有更多人能够认可他和他购买的产品。

只要业务员敢于向老客户提出转介绍的要求，老客户一般都会主动帮助转介绍新客户。但是，面对不同的客户类型，要求转介绍的方法也不同。

1. 不要任何好处，愿意帮助转介绍

这种客户比较看重荣誉，表现自己的欲望非常强，这时业务员就要抓住客户的心理需求，让客户主动帮助转介绍。

比如在公司开年会的时候，可以让这种老客户作为客户代表上台讲几句话，也可以给他颁个荣誉奖，尽量多给他一些表现的机会。这种客户只要完全认可了业务员，转介绍新客户对他而言就是顺便的事。

2. 相对比较现实，索要金钱上的好处

面对一些相对比较现实的客户，业务员可以直接与其商谈给对方什么样的好处。只要业务员提出的条件让客户满意，在利益的强烈驱动下，这种客户会非常努力地转介绍。现实中这种类型的客户比较多，业务员不用担心客户想要的好处太多，就怕客户不肯明确地提出自己的需求。

3. 既不需要荣誉，也不需要金钱

此类客户一般只考虑自身的利益需求，帮忙转介绍的客户量并不是很大，不会很用心地给业务员介绍新客户，因为业务员没有找到对方明显的需求。

这种类型的客户需要业务员给予特殊的关照，就是当他有需要的时候主动帮助他，让他通过欠一份人情来巩固彼此的关系，这样他就会主动帮业务员转介绍新客户了。

4. 什么要求都没，只单纯交朋友

这类客户帮业务员转介绍新的客户，纯粹出于朋友关系而帮忙。他不会专门给业务员转介绍，只是在遇到合适的朋友之后，才会把朋友转介绍给业务员。

针对这种类型的客户，业务员要处理好彼此的关系，不能把客户只当客户看待，要把客户当朋友相待。

站在客户角度思考，为客户节省成本

业务员在为客户服务时，不仅要想客户之所想，而且要急客户之所急。在跟客户谈单时，客户之所以会不相信业务员，是因为业务员的身份错位了，不知不觉站到了客户的对立面，没有设身处地地为客户着想，没有站在客户的角度来做好服务。

当业务员处在客户的对立面时，客户潜意识中就会认为业务员是要掏他口袋里的钱，是想最大利益地算计他。当业务员站在客户的角度上时，客户潜意识中就会认为业务员是在帮助他选择最适合的产品，而不是精打细算地想着掏他的钱。

一旦客户保持距离地不再信任业务员，不管业务员用再多的方法介绍产品，或者用再好的策略与客户沟通，客户潜意识中的信任始终难以产生。业务员为客户服务，就是要拉近彼此的距离，让双方更加信任。

实战销售

要是算计客户，就是逼走客户

有一次，一个顾客在A餐馆吃饭，点了一份喜欢的汤。没想到服务员在上菜时，竟然端来了一大碗。

“你好，你确定我一个人——能喝完这些汤吗?”他看着眼前的一大碗汤，询问A餐馆的服务员。

“您刚才点菜的时候又没说要大碗的还是要小碗的。”A餐馆的服务员理直气壮地回复。

时隔几天，他在B餐馆吃饭，同样点了一份汤。而B餐馆的服务员上菜时端来了一小碗汤，并非常礼貌地说：“先生您好，您要是觉得汤不够，一会儿可以再来一碗。”

从此以后，这个顾客再也没有去过A餐馆，出外吃饭时总会选择服务相对较好的B餐馆。

当一个人在餐馆吃饭的时候，要是服务员一个劲儿推荐很贵的菜，希望他点更多的菜，这个人潜意识中的感受会是什么样的?是不是内心非常反感，觉得服务员处处都在算计自己，希望能从自己口袋里掏出更多的钱?

上述案例中A餐馆的服务员就是只站在自己的角度上，而没有站在客户的角度用心服务。客户购买产品时的最大顾忌有两个，一是产品价值到底可以放大到多少，二是购买成本究竟可以节省到多少。

要是业务员站在客户的对立面，没有为客户的需求点着想，不是为客户节省更多成本，而只是想着客户掏出更多的钱，客户自然不愿意购买，肯定也不会轻易地相信业务员。

一旦业务员把客户当成自己，最大限度地为客户节省成本，客户自然会在众多的竞争对手中主动选择这个业务员。

实战销售

站在客户角度，急客户之所急

一座城市里有两个相距不远的面线摊位，各方面条件几乎没什么区别。

令人没想到的是，一年以后，甲赚了不少钱买了套房子，而乙却生意惨淡，勉强维持。

很多人对此感到困惑，为什么两人是同样的摊位，乙的客流量有时还要大一些，甲却赚了不少钱？

原来，乙摊位的客流量虽然大一点，但是由于刚煮的面线非常烫，客户大概 15 分钟才能吃一碗，如此一来，不仅客户吃起来比较烫，而且还耽误了客户的时间。

而甲摊位的做法与乙摊位不同，每次客户过来吃早点时，甲就会把煮好的面线放在冰水里泡几十秒，等面线的温度降下来再端给客户，刚好能让客户吃到非常可口的面线。

如果能站在客户的角度做好服务，思考客户真正想要的东西，解决客户真正存在的问题，为客户节约各方面的成本，包括消费时的时间成本，那么业务员为客户节省的成本越多，客户掏钱的速度就越快。

上述案例中的甲就能够站在客户的角度做好服务，让每一个上门的顾客都能爽快地吃到面线；而乙却只想着快速地为更多的客户煮面，反而不但影响了客户吃饭的感受，还影响了“翻台率”。

要是业务员能想客户之所想，那客户就会把业务员当成自己人，这样，业务员不仅容易找到客户身上的需求，而且还非常容易与客户成交。即便业务员暂时不能满足客户的需求，客户也能像宽容自己一样包容业务员。

实战销售

为客户着想

在一家房地产公司，一个客户来到售楼部咨询一些具体的问题。

客户："买你们这里的房子，大概什么时候可以收楼?"

业务员："一般情况下是签完合同、收到首期房款三个月之后。"

客户犹豫了一下："要这么长时间呀？一个月收楼行不行?"

业务员："如果要求一个月收楼，我们的装修人员就要赶工。如果赶工，装修人员就容易忙中出错，这样就会影响您房子的装修质量，到时候您就真的不划算了。我想，慢工出细活的道理您也知道吧?"

客户认真地思考片刻，最终敲定下来："对，是这样。那我付完首期房款，就按正常时间收楼吧。"

不管是销售过程中与客户成交，还是销售之后为客户服务，业务员都要将客户的心理特征研究透，要知道如何才能有效地拉近与客户的距离，怎样才能快速地取得客户的信任。只要把握住客户的真实想法，就能有的放矢地跟客户建立信赖感，一步步地解除客户对业务员的防备与猜忌。

要是业务员没有设身处地地为客户去着想，让客户感觉业务员不过是在想办法蒙人，只想挖空心思地从别人口袋里掏钱，那么客户就会在潜意识中筑起防备心理，始终都不会相信业务员，业务员也就根本不可能走进客户的内心，更不用说与客户成交了。

一个懂得销售、懂得为客户服务的业务员，从来不会只是单方面地向客户推销自己的产品，而一定是站在客户的角度知道客户到底要什么。不管是在价值上为客户做出选择，还是在价格上为客户节省成本，业务员都要向客户传递这样一种信息：业务员的行为是在让客户的价值利益最大化，而不是一门心思地只想赚客户的钱。

服务就是让客户感到舒服，拉近双方信任的距离

为客户服务的标准是什么？有些人可能会列出一大堆，以为按部就班地照着做就行了。可当业务员一丝不苟地做完之后就会发现，并不是所有客户都会满意，有些客户还会挑剔各种服务做得不到位。

其实，因为客户群体本身存在着不同类型，若以统一化的标准和方法去衡量，根本就是一个错误的量化方式。服务的标准就是让客户感到舒服，客户愿意跟业务员继续保持各方面的连接，业务员能够放大与客户相互信任的空间。

当客户给了业务员接近的机会，允许业务员靠近他的时候，业务员才会有机会了解客户的需求，才会有销售产品的机会。其实不少客户有时并不是反感产品，而是对业务员个人产生了反感，没有完全认可业务员，最后就到他的竞争对手那边了。

只要业务员的服务让客户感觉很舒服，与业务员的相处不仅放松，而且还能有不同的收获，客户就愿意主动跟业务员在一起。这时，业务员就可以在客户身上做深度挖掘，不仅可以让客户重复性消费，而且还可以转介绍新的客户。

实战销售

木匠师傅的服务能力

一位木匠师傅收了一个徒弟，每天传授给他各种技术。徒弟夜以继日地学了几个月，终于可以出山给别人做东西了。

第一个月，徒弟给一个中年人做了一把椅子，可是客户抱怨做得太大了，徒弟不知所措。

师父解释道："您要是觉得椅子太大了，坐上去可能会不太舒服。要是把椅子放在客厅里，可以显得非常大方。"中年人听完，竟然不再计较，高兴地拿着椅子离开了。

第二个月，徒弟给一个青年人做了一把椅子。青年人仔细瞧了瞧椅子，疑惑地反问道："这椅子是不是小了点儿?"徒弟听完，无言以对。

师父微微一笑："把椅子做成这样，一是替您节约了成本，二是椅子小而精致，可以点缀任何东西。"青年人听后很乐意，拿着椅子高兴地走了。

第三个月，徒弟给一个农民做了一把椅子，这次他非常谨慎。没想到农民看了椅子后，埋怨做工时间太长了。徒弟满脸无奈，不知如何作答。

师父对农民说："为了把您这把椅子做好，我们拿出了最好的技术，不过，欲速则不达呀。为了让您满意，我们是尽心尽力。"农民听了，满腔的怒气全消，满意地回去了。

第四个月，徒弟给一个商人做了一把椅子，在小心谨慎的同时，他又加快了速度。没想到商人看了椅子后，感慨做工太快了点。徒弟彻底崩溃了。

师父又一次解释道："由于您平常非常忙，为了不耽误您宝贵的时间，我们在保证质量的前提下用最快的速度给您做好了这把椅子。对您来说，时间就是金钱，所以我们速战速决。"

过后，徒弟找到师父，满脸疑惑地问道："师父，为什么在客户产生各种抱怨的时候，您都帮我给客户说各种好听的话?"

师父："要想让客户对我们感到满意，不仅要在技术上满足他们的需求，还要让客户买得舒服、顺心。"

从此以后，徒弟不仅努力钻研木匠活儿，使技术精益求精，而且还努力钻研服务客户的方法，使得生意蒸蒸日上。

上述故事中的徒弟起初只懂得钻研技术，不管其制作椅子的水平怎么样，始终都会遭到客户的抱怨。而师父在深谙各项技术的同时，深深懂得如何为不同的客户做好服务，不仅消除了每个客户内心的抱怨，还令他们非常舒服地离开了。

而且，师父不仅让心怀抱怨的客户感到舒服了，而且还让深感委屈的徒弟也舒服了。在徒弟每次面对客户的抱怨时，师父都主动站出来为徒弟说话，瞬间就能温暖徒弟受打击的心。

服务就是给客户一个舒适的空间，让客户没有任何压力或者恐慌。一旦客户感到不舒服或者不自在，就会出自本能地选择逃避或离开。

实战销售

跟客户保持适当的距离

以前，有一个老板的新店开业，一定要我去参加开业庆典，再看看哪些地方还需要优化。我只在新店的柜台转了一圈，就发现店里新来的导购员根本就没有学好如何销售。

顾客出于各种心态来到店里，或许是好奇，或者是没事闲逛，导购员一看有顾客进店了，“噌”的一下就奔过来，非常热情地询问：“小姐您好，请问您要买点什么？”

客户瞪眼看了一下，扭头就走了。第二个顾客来了，导购员同样热情，结果还是一样，顾客很快就走了。这些顾客还有同一个情况，就是不管走到哪一个柜台，都像是被导购员“撵”到那一个柜台。

我不相信大部分导购员都这样，就去另外一个柜台那里试验了一下。没想到我刚过去，马上就有人迎了上来："这位帅哥，请问您是买东西，还是随便看看？"

我回答说："只是随便看看。"

结果导购员一直贴身跟在我后面，不停地嘚啵嘚啵，直到最后把我"撵走"。

作为一个一线导购员，如果不懂得销售技巧上的空间距离感，会让客户感到非常大的压力。在客户个人空间里传播一些并不是很重要的信息，这样的交易怎能成功呢？

15 厘米以内的距离，叫作亲密空间；15 厘米到 46 厘米的距离，叫作个人空间；46 厘米到 1.2 米的距离，叫作社交空间；3.6 米以外的距离，叫作公众空间。一个懂得销售技巧的导购员，看到顾客走进店里后，应该站到距顾客 3 米左右的位置，不远不近，让人没有压力感，默默地关注顾客就行了。

当发现顾客对产品有了反应，导购员再慢慢进入顾客的社交空间："先生您好，请问您想了解点什么？"

此时客户开始有了需求，至少有了想了解产品的欲望，导购员轻声细语地过去与顾客交流，会收到一个最佳的销售效果。

由于价格而离开的客户，其实还有回来的可能，因为价格不合适可以谈；因为质量而离开的客户，多半没有回头的可能，要看产品的质量是否能够改进；因为态度而离开的客户，永远都没有回来的可能，因为客户根本不信任。

未来的市场，拼的一定不是价格，而是服务的能力，谁的服务能让客户更舒服，谁就能抢占庞大的市场。

不断创新产品或服务，持续满足客户新的需求

服务并非用现在的产品去满足客户的各种需求点，而是为确保客户不流失，要不断了解客户新的需求，提升产品或服务的创新能力。产品或服务的创新能力决定了产品的生命力，决定了产品在竞争异常激烈的市场中能雄踞多久。

要想抢占市场，就要了解客户的需求，但客户的需求具有极大的不稳定性。客户处在不同的框架中，就会产生不同的需求，而框架中的时间、空间及角度几个元素，只要改变其中任何一个，就改变了客户原来所处的框架，客户就会产生新的不同的需求。

客户对自身的需求会随着时间的变化而变化，要是产品或服务不能满足客户新的需求，客户极有可能就会选择从其他地方购买，由此就会导致客户大量流失。业务员要想不被市场和客户淘汰，就要使产品和服务不断升级。否则客户哪天离开了，并不是因为客户的“背叛”，而是业务员自己把客户逼走的，因为业务员不能满足客户新的需求，客户为了满足自身的需求，不得不跑到其他地方，以寻找解决其新的需求的产品。

实战销售

若不创新，就被淘汰

有一个人刑满释放，终于从监狱里出来了。以前的一个兄弟得知他出狱了，前来看望他。

兄弟：“大哥，你当初因走私罪被抓，却不肯透露最后一批货到底藏在哪里，结果被法院判了20年。大哥，那到底是一批什么货呀？”

那个人很谨慎，只是轻轻说了一句：“你开车到郊区，到了就知道了。”

到了指定的地点，那个人找了很久才找到当初埋货的地方。两个人又挖了大半天，挖出一个特大号的箱子。

那个人看着大箱子，全身都颤抖起来，他紧紧地抓着兄弟的手说：“只要这批货一出手，咱们就有钱了，这20年我在牢里的苦也就没白受，以后咱们就有好日子过了。”

他们俩流着激动的泪水，小心翼翼地打开了大箱子，里面是崭新的摩托罗拉BP机……

上述故事中的大哥在监狱里待了20年，根本不了解现在的市场，他既不知道客户真实的需求点，也不知道市面上产品的具体情况，结果只能成为别人的一个笑话。如今，智能手机的更新速度迅猛，说不定哪天就发布一款新产品，有谁还会使用早已过时了的BP机呢？

任何一款当下卖得极火的产品，谁能保证几年之后还能持续畅销？曾经的诺基亚手机多么厉害，几乎垄断了整个手机市场，某些产品几度卖到脱销。谁能想到若干年后，随着高端智能手机的出现，曾经风头一时无二的诺基亚竟然在行业领域内销声匿迹了。

其实，并不是客户抛弃了诺基亚，而是诺基亚放弃了终端客户，因为诺基亚从来没想过通过产品创新来满足客户日益增长和变化的需求。做市场却不懂得与时俱进，只能面临被淘汰的结果。

就客户的消费心理而言，大部分客户在选择消费时都会不由自主地形成一种消费习惯，甚至还会对产品或品牌形成依赖，形成一定程度上的忠诚度。一旦客户形成了一种潜在的消费习惯，那么客户在潜意识中是不愿意更换另外一种品牌的，因为他对其他没有使用过的产品没有安全感。一旦某个产品不能满足客户的需求，客户在没有其他办法的情况下，只能无奈地选择其他产品。

不少公司或者业务员始终安于现状，既不思考如何创新产品的功能价值，也不琢磨如何提升服务的质量水平，当他们满足不了客户新的需求时，被老客户淘汰肯定是必然的。

为什么苹果手机、华为手机、小米手机经历了多年的市场竞争还能屹立不倒？就是因为它们在产品的创新意识上高于同行业的其他竞争对手。

要是没有 iphone4、iphone4s、iphone5、iphone5s、iphone6、iphone6plus、iphone7……苹果手机能持续在市场上畅销吗？要是没有华为 P6、华为 P7、华为 P8、华为 P9、华为 P9plus……华为手机能持续在手机领域中畅销吗？要是没有小米 3、小米 4、小米 5、小米 5s……小米手机能长期锁定庞大的消费者吗？

拒绝学习就意味着拒绝改变，拒绝改变就意味着拒绝创新。

拒绝创新就意味着拒绝进步，拒绝进步就意味着逼近落后。

逼近落后就意味着逼走客户，逼走客户就意味着自掘坟墓。

不要试图欺骗一个客户，否则所有客户都会远离

销售和骗人的区别又是什么？销售是最终满足了客户的需求，让客户得到了想要的好处，甚至由于客户口口相传的口碑，市场越做越大了。而骗人是根本无法满足对方的需求，让对方拿不到想要的好处，甚至由于别人口口相传的影响，令骗人的行为越来越难。

维护老客户比开发新客户更重要。因为老客户使用过产品，有发言权，新客户最信赖的人就是老客户，老客户说一句话顶业务员说一百句话，老客户要是散播一些负面信息，业务员就难以取得新客户的信任，因而老客户始终影响着市场的稳定。

要是某个业务员欺骗了一个客户，在极大的负面影响下，所有客户都不会再相信他，都会选择离他而去，这样一来，势必导致整个市场萎靡不振。

为什么有些人跑市场时，不管再怎么努力，最终的效果仍不理想？就是因为没有重视后续服务，没有借助老客户的影响力，更没有撬动老客户资源。

只要老客户认可了业务员，还会散布负面信息吗？他们不但不会散布负面信息，甚至会在看到关于业务员的负面信息时主动站出来说话，并在开拓市场时为业务员助威。

只要业务员能发自内心地关心客户，站在客户的角度想客户之所想，客户就愿意跟业务员交朋友，愿意跟这样的人产生生意关系，因为业务员给了客户足够的安全感。在整个销售过程中，感性层面的效果永远大于理性层面的效果。

在为客户服务时真诚地关心对方，有时候比各种销售技巧更重要。一旦客户在潜意识中认定业务员的关心是真诚的，是发自内心地为客户考虑，即使业务员在一些细节方面做得不到位，甚至没有令客户对产品产生实质性的需求点，客户也会以给予业务员一点支持而购买产品，这时的成交其实已经上升到客户心理上的价值需求了。

要是客户感到不舒服了，肯定不会让业务员舒服，业务员的市场可能就会烂一片；要是客户感到舒服了，肯定会让业务员更舒服，客户不仅会购买产品，还会帮助转介绍。最没有意义的销售方式就是批评、抱怨、指责、欺骗客户，以各种各样的方式使客户极不舒服。为什么某些人做了许多好事都无人知晓，没有几个人认识，可只要做了一件坏事，却马上“一夜成名”了？同样的道理，某个产品再怎么好，可能没有几个客户会记得，但要是出了一点问题，马上就一传十、十传百地出名了，结果只能是业务员的市场被破坏殆尽。

实战销售

业务员的真诚

在美国，一个年轻的女士去逛街，在一家百货公司进门的地方，她看到一堆鞋子，旁边的牌子上写着“超级特价，只付一折即可拥有”几个字。

她拿起鞋子仔细看了看，原价 70 美元的大红鞋，现在只要 7 美元就可以了，这太让人难以置信了。她又穿上鞋子试了试，感觉鞋子皮软质轻，实在太划算了。

她激动地把鞋子捧在胸前，赶紧招呼店里的服务员。

“您好，您喜欢这双鞋吗？正好跟您的红外套比较相配。”服务员微笑着走过来，随后又伸出手说，“能不能再让我看一下鞋子？”

她把鞋交给服务员，禁不住担心地询问：“有什么问题吗？鞋子的价格不对吗？”

服务员赶紧回答说：“不，不，您别担心，我主要看一下是不是那两只鞋。嗯，确实是的。”

“嗯？鞋子有什么不对吗？什么叫两只鞋？明明就是一双鞋啊。”她疑惑不解地询问。

“既然您这么中意这鞋子，而且还打算购买，那我一定要把实情告诉您。”服务员诚恳地解释着，“非常抱歉，我必须给您解释一下，它真的不是同一双鞋，只是皮质相同、尺寸一样、款式也相同的两只鞋，虽然颜色几乎一样，但还是有一点色差。我们不知道是以前卖错了还是顾客弄错了，剩下的左右两只正好凑成了一双。我们不能欺骗顾客，不能让您回去以后发现真相而后悔，责怪我们欺骗您。如果您现在放弃这双鞋，可以再选其他鞋子。”

服务员一番真挚的解释，令年轻女士很感动。要是换成其他商家，或许连蒙带骗地就卖掉了，怎么会把实际情况告诉顾客呢？其实，人们在大街上走路，谁又会蹲下来仔细对比两只鞋的颜色呢？于是，年轻女士不但买了这“两只”鞋，另外还多买了“两双”鞋。

俗话说，从南京到北京，买的没有卖的精。向客户销售产品时，有些人不愿意当“傻子”，只希望尽快脱手卖出去，赚到一笔算一笔，只要客户没看出破绽，就使出一些连蒙带骗的伎俩。

其实，谁也不想被别人当成傻子，尤其那些花钱消费的客户。上述案例中的服务员不但没有欺骗客户，而且诚恳地把实际情况说出来，随后又给了客户足够大的自主空间，让客户做出一个最好的购买选择。

当业务员能够以心交心地跟客户相处，其实已经解决了成交前最难的一个环节，就是已经获得了客户潜意识中的信任。只不过对于产品的价值需求，客户会根据自身各方面的条件，如使用习惯、兴趣爱好、购买能力等，做出一个最适合自己的选择。